Matthias Hoffmann

Gottes Vaterherz entdecken

Ein Praxisbuch mit persönlichen Hilfestellungen, Gott als Vater zu erleben

MATTHIAS HOFFMANN

Gottes Vaterherz entdecken

Ein **Praxisbuch** mit persönlichen Hilfestellungen,

Gott als Vater zu erleben

cap-books

Bestell-Nr. 52 50407
ISBN 978-3-86773-176-8

Erweiterte und überarbeitete Neuausgabe.

Oberer Garten 8
D-72221 Haiterbach-Beihingen
07456-9393-0
info@cap-music.de
www.cap-music.de

Umschlaggestaltung: spoon design
Gedruckt in Deutschland

Bibelzitate aus:
Revidierte Elberfelder Bibel © SCM R. Brockhaus, Witten
Hoffnung für alle © Brunnen Verlag, Basel

Inhaltsverzeichnis

Vorwort zur überarbeiteten Neuauflage

Das vorliegende Buch schrieb ich vor etwa zehn Jahren. Ich kam gerade aus einer schweren Lebenskrise, in der Gott mir als liebender Vater neu begegnet war. Damals ahnte ich nicht im Entferntesten, welche Auswirkungen diese Erfahrung haben würde. Meine Vorstellung reichte einfach nicht aus, um mir zu erträumen, in welch kurzer Zeit die Vaterliebe Gottes spürbaren Einfluss auf unser Land und andere Nationen gewinnen würde. Mittlerweile sind Bücher von mir und anderen deutschsprachigen Autoren zum Thema *Vaterherz Gottes* in mehreren Auflagen erschienen (und wurden sogar in andere Sprachen übersetzt). Neue *Vater-Bücher*, *Vater-Lieder*, *Vater-Botschaften* und *Vater-Netzwerke* sind entstanden. In der unsichtbaren Welt wurde eine große Tür geöffnet. Gott selbst hat sein Vaterherz ganz weit oben auf die Agenda des Reiches Gottes gesetzt. Hunderte *Vaterherz-Seminare*, etliche *Vaterherz-Schulen* und einige größere *Vaterherz-Konferenzen* konnten wir in den letzten Jahren in Deutschland und anderen Nationen durchführen. **Das Leben von Tausenden von Christen wurde nachhaltig transformiert durch die persönliche Begegnung mit Gott als liebendem Abba-Papa**.

Es ist eine ***Vaterherz-Bewegung*** entstanden, die über die Grenzen der Konfessionen in unserem Land reicht und auch erste internationale Früchte trägt. Doch es geht nicht zuerst um Zahlen und Veranstaltungen, sondern vor allem um eine **frische Offenbarung und tiefere Berührung Gottes, die unser ganzes Leben auf so viele Arten verändert:**

1. Unser **Gottes-Bild** wird erneuert.
   Abba-Vater ist die perfekte Liebe in Person und Jesus ist die vollkommene Verkörperung dieser Vaterliebe. Der Heilige Geist wiederum ist die ausgegossene Liebe des Vaters, die seine Nähe in unsere Herzen bringt. Abba ist immer für uns! Er ist unser Immanuel und allerbester Freund!

2. Unsere **Gottesbeziehung** wird erneuert.
Wer einen kindlich-vertrauensvollen Zugang zum Herzen Gottes bekommt, wird seinen Glauben anders leben und ausdrücken. Es wird bunter, kreativer und unmittelbarer zugehen. Bibellesen, Beten, Lobpreis und Anbetung ... alles wird in einem neuen Licht erstrahlen, geprägt von dem Geist der Sohnschaft / Kindschaft.

3. Unsere **Identität in Christus** wird erneuert.
Wir sind Gottes vielgeliebte Söhne und Töchter! DER Sohn hat uns mit Gott versöhnt. Wir sind unendlich und bedingungslos geliebt. Wir sind heilig, gerecht und wertvoll in seinen Augen. Unser Selbstbild wird korrigiert und wiederhergestellt. Die Liebe des Vaters schenkt ein enormes Maß an Heilung und Freisetzung, gerade auch im seelischen und körperlichen Bereich.

4. Unsere **Gemeinschaftsform** wird erneuert.
Der Vater hat eine sehr große Familie, die weit über Länder-, Konfessions- und Generations-Grenzen reicht. Er vernetzt uns von Herz zu Herz. Gemeinde wird als Familie Gottes neu entdeckt. Freundschaftliche und herzliche Beziehungen stehen im Vordergrund. Wir entdecken neu den Segen der Weggemeinschaft mit anderen, auf der Reise ans Vaterherz Gottes.

5. Unsere **Dienst-Mentalität** wird erneuert.
Wir können aufhören, Gott zu spielen. Wir müssen uns nicht mehr den Himmel mit frommer Leistung verdienen. Unser Dienst ist jetzt dankbare Antwort auf das, was Papa schon längst getan hat. Da wird so viel Kreativität freigesetzt. Wir fangen an, als Geliebte unsere Träume zu leben und unser Potenzial zu entfalten.

6. Unsere **Reich-Gottes-Sicht** wird erneuert.
Die Liebe unter seinen Kindern erzeugt eine Atmosphäre, bestimmt Werte und bringt einen Lebensstil hervor, die bis in Gesellschaftsstrukturen hinein heilenden Einfluss gewinnen. Eine Kultur von von-Abba-geliebter-Menschen entsteht und zieht ihre prägenden Kreise.

7. Unser gesamtes **Weltbild** wird erneuert.
Alles wird gut, weil Papa bei uns ist! Unser himmlischer Abba ist stärker als alles Bedrohliche. Er regiert, hat den Überblick und spricht das letzte Wort. Im Angesicht aller unheilvollen Szenarien auf diesem Globus verleiht die Vaterliebe Gottes enorme Geborgenheit inmitten der endzeitlichen Prozesse, durch die wir gehen bzw. in den kommenden Zeiten gehen werden.

Das Leben von so vielen geliebten Gotteskindern, **die endlich beim Vater angekommen sind, macht den Unterschied!** Dutzende von meinen Lesern bestätigen mir mit ihrem Feedback, was die Liebe des Vaters in ihrem Leben an unendlich Gutem bewirkt. Das hat mich (und unsere Netzwerk-Familie) motiviert und inspiriert, auf dem eingeschlagenen Weg immer mutiger weiter zu gehen. Wenn Du mehr darüber erfahren möchtest, dann besuche uns gern auf **unserer Homepage**: www.vaterherz.org.

Das Buch, das Du jetzt in Händen hältst, ist eine aktualisierte und überarbeitete Version meines *„Bestsellers"* ***Gottes Vaterherz entdecken***. Neben dem veränderten Layout findest Du drei neue Kapitel, die die Botschaft ergänzen und abrunden sollen. Dieses Buch ist auch als Hörbuch erhältlich unter der Bestellnummer 52 00407 bei cap-books.

So, nun wünsche ich jedem meiner Leser neue Entdeckungen und eine wunderbare Zeit mit Abba-Vater!

Matthias Hoffmann
Hannover
Januar 2013

Persönliche Worte

Als mir Gott vor einigen Jahren sein Vaterherz neu offenbarte, hat das mein Leben, meine Ehe und meinen Dienst gerettet. Ich war damals in einer tiefen Berufs- und Lebenskrise. Und das, obwohl ich Gott schon viele Jahre kannte, ihm treu diente und viele erstaunliche Erfahrungen seiner Realität in meinem Leben machen durfte. Aber diesmal ging es irgendwie tiefer als bisher und ich war untröstlich. Immer werde ich meinem himmlischen Vater dafür danken, dass er mich nicht vergessen hat. Er kam und rettete mich heraus aus all meiner Dunkelheit. Ja, mehr noch: er gab mir das, wonach ich mein ganzes Leben lang Ausschau hielt, … selbst noch nach meiner Bekehrung zu Jesus, selbst noch nach herrlichen Erlebnissen mit dem Heiligen Geist. Er beschenkte mich mit einer wunderbaren, einzigartigen Beziehung zu ihm, dem wahren Vater. **Abba-Vater wurde mein bester Freund!**

Die tägliche, tiefe Verbundenheit und Freundschaft zu ihm ist nun mein ganzes Lebensglück. Ich lebe jetzt nicht mehr zuerst für den Dienst oder für einen geistlichen Aufbruch, den unser Land so dringend nötig hat, oder für irgendwelche anderen Ziele, sondern ich sage zusammen mit Jesus Christus, dem einzigartigen Sohn Gottes: ***„Ich lebe für den Vater!"*** (Johannes 6,57) In meinem Buch geht es um diese einzigartige Liebesbeziehung!

Seitdem der Vater durch sein Erbarmen mein Leben wieder hergestellt hat, durfte ich in den letzten Jahren viele Menschen zu seinem Vaterherzen (zurück-)führen. In Gottesdiensten, Seminaren und Konferenzen habe ich immer wieder dasselbe Wunder miterlebt, wie „verlorene Söhne und Töchter" in die Arme des liebenden Vaters gelaufen kamen, aber auch, wie die „älteren Brüder und Schwestern" vom Vater neu eingeladen wurden, bei der „Party mit Vati" dabei zu sein!

Deshalb begleiten meine Gebete dieses Buch, das Du jetzt in Händen hältst. Ich bete aus der Tiefe meines Herzens, dass Dir beim Lesen Gott als Dein Vater (neu) begegnet. Egal, wo Du momentan stehst, wie glücklich Du bist oder wie dunkel es um Dich herum sein mag …, die Liebe des Vaters findet Dich – immer und überall! Er liebt Dich so sehr, dass er bereit war, das Kostbarste, was er hatte, sein eigenes Herz, seinen geliebten Sohn Jesus Christus, an Deiner Stelle hinzugeben. Vollkommener konnte er seine Liebe für Dich, für uns, nicht unter Beweis stellen! Komm mit und entdecke neu sein Vaterherz! In seinem Herzen ist auch Raum für Dich!

Kapitel 1

Jetzt ist Vaterzeit

Erfüllte Zeit

In Galater 4,4 lesen wir, dass Gott uns seinen Sohn sandte, als die Zeit erfüllt war. Interessanterweise steht dort im griechischen Originaltext das Wort „chronos" für Zeit (und nicht das Wort „kairos", was ein ganz bestimmtes, plötzliches Ereignis meint), das heißt also, ein „Zeitmaß" war voll. Eine begrenzte Periode ging zu Ende und Gott brachte etwas ganz Neues hervor. Wenn wir uns in der Geschichte umschauen, müssen wir sagen, dass nach menschlichem Ermessen die Zeiten zur Geburt Jesu alles andere als optimal waren. Das feindliche Römische Reich war auf dem Höhepunkt seiner Macht. Und das Volk Gottes war zutiefst gedemütigt und schwach. Keine gute Ausgangsbasis für den Messias. Und doch war es anscheinend Gottes Zeit!

Im Laufe der Kirchengeschichte gab es immer wieder solche Zeitpunkte, wo das Maß der Zeit voll war und Gott ein neues Kapitel seiner guten Herrschaft aufschlug. Die Außenfaktoren erschienen dabei meistens nicht sehr günstig. Aber jedes Mal tat Gott trotzdem etwas Gewaltiges und zeigte so, dass er der Herr der Menschheitsgeschichte ist.

So geschah es durch die Reformation, als er die herrliche Erkenntnis Jesu Christi (Christologie) inmitten von Korruption und Kriegen hervor brachte. Durch die Herrnhuter Brüder und die Methodisten wurde die Wahrheit über die Notwendigkeit der persönlichen Errettung (Soteriologie) neu entdeckt, und das trotz Armut und Sklaverei. Mit der Pfingstbewegung schenkte uns Gott einen neuen Zugang zum Heiligen Geist (Pneumatologie), im Angesicht von beginnender Industrialisierung und Weltkriegen.

Und was fehlt jetzt noch? – Genau – der Vater! (quasi die „Abbalogie“ – dieses Wort müsste erst neu erfunden werden, weil es das so in der Theologie bisher noch nicht gibt!) Am Anfang des 21. Jahrhunderts mit allen Terrorängsten, der Globalisierung und ihren unabsehbaren Folgen, meldet sich Gott neu zu Wort. Jetzt kommt der Vater dran.

Das ist meine tiefe Überzeugung: Jetzt ist die Zeit erfüllt für die herrliche Offenbarung des Vaters!

Der Schrei nach Vaterschaft

Wie komme ich nun zu dieser Aussage? Hier einige Gedanken dazu:

- Weltweit macht sich eine nie da gewesene **Vaterlosigkeit** breit. Nicht nur in den zerbrochenen Familien der westlichen Staaten fehlen die „Väter“. Kürzlich hörte ich die Frage eines Jungen: „Wer ist denn nun Vater für mich? Mein Erzeuger, der nichts von mir wissen will; der Mann, mit dem meine Mutter momentan zusammenlebt; oder mein Trainer, dem ich vertraue?“ Auch in der „Zweidrittel-Welt“ (Afrika, Asien, Lateinamerika) gibt es trotz zahlreicher Kinder kaum erfahrbare positive Vaterschaft. Die Welt schreit nach der Liebe des wahren Vaters!

- Biblisch gesehen leben wir in der **Endzeit**. Und von ihr heißt es, dass die Liebe erkalten wird. Soziale Kälte und Vereinsamung nehmen überhand. Wir werden leider in den nächsten Jahren noch dramatischere Auswüchse davon miterleben müssen. Gottes Vaterliebe ist der Kontrapunkt zu dieser fatalen Entwicklung und bringt die erhoffte Lösung.

- In den christlichen Gemeinden wird der **Ruf nach geistlichen Vätern und Müttern** immer lauter. Viele suchen Mentoren, Coaching, Jüngerschaft – gelebte Vorbilder, an denen man sich orientieren kann. Wir sehnen uns nach jemandem, der an uns glaubt und uns fördert – wie ein guter Vater es tun würde. Gott hält diese Art von Vaterschaft für uns bereit.

- Der **geistliche Zustand vieler Christen** ist besorgniserregend. Nach Jahren der aktiven Mitarbeit fühlen sich etliche (besonders Leiter) ausgebrannt. Das ist das so genannte „Burn-out-Syndrom“. Aber neue geistliche Kraft bekommen wir nicht durch noch mehr Aktionismus, sondern durch das Zur-Ruhe-Kommen in den Armen unseres himmlischen Vaters. Der Vater ist mehr an unserer Liebe als an unserer Leistung interessiert.

- Vor allem aber ist es **Gottes Sehnsucht,** dass seine Kinder in eine neue Intimität ganz nahe an seinem Vaterherzen finden. Unser Abba-Vater sucht Menschen, die ihn – vor allem! – im Geist und in der Wahrheit anbeten.

Die Bedeutung der „Vater-Liebe“

Die Welt braucht diese Botschaft von der Liebe des Vaters. Sie ist höchst aktuell und entscheidend neu. Unter allen Religionen der Welt gibt es keine einzige, in der irgendein Götze als „Vater“ bezeichnet würde oder gar Wesenszüge eines guten Vaters trüge. Aber unser Gott, der Gott der Christen, ist der „Vater-Unser“! Jesus kam nicht nur, um uns am Kreuz mit Gott zu versöhnen, sondern er brachte uns auch eine neue Gottesbeziehung. *„Er gab uns Vollmacht, Gottes Kinder zu werden“* (Johannes 1,12). Der einzigartige Sohn Gottes versöhnt uns mit dem Vater-Gott und versetzt uns in den Stand von Söhnen und Töchtern.

Dass unser Gott unser wirklicher Vater ist und uns wie ein guter Vater liebt, ist die tiefste Erkenntnis des christlichen Glaubens!

Und Jesus ist der Weg zum Vater (Johannes 14,6)! Wir schmälern nicht das Werk Jesu, wenn wir den Vater-Gott betonen. Recht verstanden, bekommt Golgatha erst beim Vater seine tiefere Bedeutung. Es wäre zu kurz gegriffen, nur bis zum Kreuz zu gehen. Schließlich starb Jesus, um die Tür zum Vaterhaus für alle Menschen zu öffnen. Leider bleiben viele Christen unterm Kreuz stehen und gehen nicht weiter in die herrliche Liebesbeziehung zu ihrem Abba-Vater. Sie leben vor der Tür, so wie der „ältere Bruder" im Gleichnis von Lukas 15, der sich weigerte hineinzukommen und bei der Party mitzufeiern.

John Arnott aus Toronto sagt sehr passend dazu:

„Ich glaube mit meinem ganzen Herzen, dass die Botschaft von der Vaterliebe Gottes eine der wichtigsten Nachrichten ist, die unsere heutige Welt hören muss. Sie ist so zentral für die eigene Beziehung zu Gott. Sie ist auch zentral für die Beziehung mit anderen. Und sie hat die Kraft, Heilung und Wiederherstellung freizusetzen, wie die Welt es noch nie gesehen hat. Die Botschaft ist simpel – einfach, und doch, als eine alltägliche Erfahrung bedingungsloser Liebe und Annahme des Vaters kennen sie nur wenige Leute. Ich habe Menschen überall auf der Welt getroffen, die erschöpft waren in ihrer Suche nach echter Liebe und Annahme. Viele von uns haben den Frieden und die Ruhe erlebt, die kommen, wenn wir in Gottes Gegenwart sind – und doch können wir noch damit zu kämpfen haben, dass dies eine durchgehende Erfahrung unseres Lebens wird. Und so versuchen wir uns darzustellen, konkurrieren, versuchen einen Platz und Erfolg zu verdienen. Wir können dabei unbewusst von Angst motiviert sein und enden womöglich, indem wir die Menschen um uns her kontrollieren und manipulieren. Sogar in unseren christlichen Kreisen sind wir schwer beschäftigt mit ‚unserem Dienst'. Und sehr oft dienen wir dabei aus einer Position der eigenen Bedürftigkeit anstatt aus dem Überfluss an Gnade, die Gott uns gegeben hat. Wenn unsere Motivation irgendetwas anderes als die Liebe Gottes ist, dann werden die Fundamente, auf denen wir unser Leben aufbauen, zusammenbrechen und wir werden versagen. Unser Dienst wird zum Krampf, unsere Familien werden leiden und unserer Beziehung zu Gott wird es an Intimität, nach der es ihn mit uns verlangt, fehlen."

Höhere Theologie

Seitdem ich angefangen habe, die Botschaft von der Vaterliebe Gottes weiterzusagen, höre ich immer wieder, das sei doch alles nur „Babykram". Dass Gott uns liebt, sei lediglich das kleine 1x1 im Glauben. Man wolle lieber „feste Speise und nicht diese Babymilch. Lass uns weitergehen und nicht dabei stehen bleiben …!" – Wie vermessen stolziert manchmal der Pharisäergeist daher? Ist es nicht bemerkenswert, dass die Apostel am Ende ihres Dienstes nichts anderes zu predigen haben als die Liebe Gottes? Paulus krönt sein theologisches Meisterwerk, den Römerbrief, mit dem Kapitel 8, wo er über die große Liebe Gottes ins Staunen gerät. Und sein Hohelied der Liebe in 1. Korinther 13 ist die Summe seiner Erkenntnisse und gewonnenen Einsichten. Der Apostel Johannes hat am Ende eines langen und erfüllten Lebens im Dienst für seinen Herrn Jesus nur eins zu berichten, dass Gott die Liebe ist.

Könnte das nicht sogar Teil unseres Problems sein, dass wir dachten, wir kennen das alles schon mit der Liebe Gottes und brauchen sie nicht mehr?! Und dann sind wir weitergegangen von Erkenntnis zur Erkenntnis. *„Aber die Erkenntnis bläht auf, die Liebe Gottes baut auf“* (1. Korinther 8,1).

Die Agape-Liebe Gottes ist höhere Theologie und nicht nur Anfängerlektion!

Deshalb baut die Botschaft von der Vaterliebe Gottes auf all den anderen biblischen Erkenntnissen auf und verleiht ihnen eine größere Tiefe. Wir haben nicht zu viele Predigten über die Liebe Gottes gehört, sondern zu wenige (oder zu oberflächliche)! Es gibt da einen großen Nachholbedarf und darum liegt jetzt die Betonung auf dem liebenden Vaterherzen Gottes.

Zurück zur ersten Liebe

Gottes Ruf an seine Gemeinde hallt durch die Jahrhunderte: „Komm zurück zur ersten Liebe!“ (siehe Offenbarung 2,4). Dabei verstehen wir oftmals unter „erster Liebe“ die rosaroten Gefühle, die wir am Anfang unseres Christseins hatten oder die Art und Weise, wie wir damals naiv glaubten. Auf jeden Fall bekommt jeder ein schlechtes Gewissen und meint, man müsste sich gewaltig anstrengen und irgendetwas unternehmen, um wieder diese Form von Liebe zurückzubekommen.

Welch ein Irrtum! **Wenn die Bibel von „erster Liebe“ spricht, meint sie nicht unsere stümperhaften Versuche, sondern vielmehr Gottes erste Liebe!** *„Lasst uns lieben, denn er (der Vater) hat uns zuerst* *geliebt!"* (1. Johannes 4,19) Die Liebe, mit der Gott-Vater uns von Anfang an als seine Kinder liebt, soll die Basis unserer ganzen Existenz werden und bleiben.

Jetzt ist Zeit für diese erste Liebe, jetzt ist Vaterzeit! Jetzt ist das Zeitmaß erfüllt, unsere Gemeinschaft mit dem Vater zu intensivieren! Jetzt ist es Zeit, Gott als Vater zu entdecken!

Nie ist es wichtiger, etwas für Gott zu tun, als uns Zeit zu nehmen, ihn zu lieben und auch uns von ihm lieben zu lassen. Unser Abba-Vater sucht keine Sklaven, Mitarbeiter oder Funktionäre, sondern Söhne und Freunde, mit denen er seine Herzensanliegen teilen kann. Lasst uns solche Söhne und Töchter sein bzw. werden, die mehr und mehr zu diesem **herrlichen** Vater passen!

Und nun zu Dir

- *Welche Entdeckungen mit „Vaterlosigkeit" hast Du selbst bereits gemacht oder bei anderen beobachtet?*
- *Kennst Du solche Phasen des Ausgebranntseins aus eigener Erfahrung und was hat Dir weitergeholfen?*
- *Mit welcher Motivation gehst Du an dieses Thema heran? Ist jetzt für Dich das Zeitmaß voll, Gott als Vater zu entdecken?*

Kapitel 2

Die Wunde der Einsamkeit

Kevin – Allein zu Haus …

Bestimmt kennst auch Du diesen Hollywoodfilm, der alle Jahre wieder zu Weihnachten über die Fernsehkanäle flimmert. Die süße Geschichte von dem kleinen Kevin, der im Vorweihnachtsstress von seiner chaotischen Familie zu Hause einfach vergessen wurde und sich nun allein durchschlagen muss. Auch wenn das nur eine nette Bildergeschichte mit Unterhaltungswert für die ganze Familie ist, so spiegelt sie doch das Lebensgefühl vieler Zeitgenossen wieder.

Der Mensch empfindet sich irgendwie allein gelassen. Hineingeworfen in das undefinierbare Abenteuer Leben. Aber wie funktioniert das, dieses Leben? Wer sagt uns, wie man leben soll? Wo gibt es die Gebrauchsanweisung dazu? Welches Stichwort geben wir bei Google ein, um die passende Antwort zu finden? Alle Menschen auf unserem Erdball – unabhängig von Kulturkreis, Hautfarbe, Alter und Geschlecht – sind bewusst oder unbewusst auf der Suche nach der richtigen Antwort auf diese Frage. Unsere Sehnsucht lässt uns oftmals an den falschen Türen anklopfen. Wir suchen nach Liebe und Zärtlichkeit, wollen im Arm gehalten werden und uns selbst durch die körperliche Gegenwart eines anderen Menschen spüren … und verwechseln das dann mit Sex, Tagträumerei und pornografischer Augenlust. Wir schmecken den Hunger und Durst nach echtem Leben auf unserer Zunge … und verwechseln das dann mit übermäßigen Essen und unkontrolliertem Konsumverhalten. Wir wünschen uns prickelnde Begeisterung und Lebensfreude … und verwechseln das dann mit der Flucht in Alkohol und andere Rauschmittel, oder wir tauchen ab in eine (virtuelle) Privatwelt mit der unaufhörlichen Suche nach dem letzten, ultimativen Kick. Doch all das kann die Sehnsucht in uns nicht stillen! Was aber dann?

Die allermeisten Menschen denken, dass sie die Antwort auf den tieferen Sinn des Lebens in der Liebe eines anderen Menschen finden werden. Die Liebe zwischen Mann und Frau ist das dominierende *Thema Nummer Eins* in der ganzen Menschheit. So war es durch die Jahrtausende und so ist es bis zum heutigen Tag. Hitparaden, Bestsellerlisten, Internet – überall können wir das feststellen: *All you need is love!* Nichts hat uns Menschen so sehr inspiriert wie dieses eine Thema: Liebe! Tatsächlich können wir durch die Liebe eines anderen Menschen enorm viel Lebensfreude und Energie gewinnen. Der Partner, die Kinder, die Familie (und auch gute Freunde und Kollegen) – mit anderen Worten unser soziales Umfeld, schenkt uns ein großes Stück Zuhause hier auf der Welt. Durch die Liebe anderer Menschen fühlen wir uns wertvoll und wichtig. Umfragen belegen, dass auch in Deutschland die überwiegende Mehrheit der Bevölkerung ihre innere Zufriedenheit und ihr Lebensglück in Partnerschaft und Familie sucht. Und genau hier liegt auch schon wieder der Hund begraben!

Ein gesellschaftlicher Super-GAU

Das Wort „Super-GAU" kommt aus der Fachsprache der Kernenergie und bedeutet *„Größter Anzunehmender Unfall"* – also das schlimmste Szenario nach einem Kernreaktorunfall (wie wir ihn leider schon mehrmals dramatisch mit erleben mussten). Nach solch einer Katastrophe ist das Land durch tödliche Strahlung für sehr lange Zeit verunreinigt und das Leben dort unmöglich. Massen von Menschen werden krank und sterben an den Spätfolgen. **Für mich ist der weltweite Zusammenbruch von Ehe und Familie ein gesellschaftlicher Super-GAU mit unabsehbaren Auswirkungen.** Der Ort, an dem die allermeisten Menschen auf der Welt die Liebe und das Leben für sich suchen (und auch oftmals finden) – nämlich die eheliche Partnerschaft und das Zusammenleben in einer Familie – genau dieser Ort, dieses Zuhause, bricht jetzt auseinander und hinterlässt überall kontaminiertes Land. Eine tödliche Strahlenwolke von Einsamkeit wabert über unseren Planeten. Eine riesige **Wunde von Verlassenheit, Einsam-**

keit und Enttäuschung klafft blutend vor unseren Augen. Die Folgen, deren Ausmaße wir noch nicht ermessen können, sind: Millionen von Opfern und Tätern – Missbrauchte, Desillusionierte, Beziehungsunfähige, Ethisch-Verwirrte-Verkorkste, Vereinsamte ... Ungeliebte!

Ich frage uns: Wie konnte das nur geschehen? Die Menschheit war im *Quiz des Lebens* doch schon bei der 500.000-Euro-Frage angelangt. Wir dachten doch „Liebe zu einem anderen Menschen", das müsste die richtige Antwort sein auf die letzte, entscheidende Frage nach dem wahren Sinn unserer Existenz. Und dann das?! Zerbrechende Beziehungen, Scheidungswaisen, Rosenkriege – so viel Einsamkeit! Einer Gesellschaft fehlen der Mut und die Kraft für Ehen, Kinder, Familien – für Verantwortung, Treue und Verbindlichkeit. Wir wachen auf aus dem Traum unserer Sehnsüchte. Schmerzhaft müssen wir feststellen, dass wir gerade dort, wo wir das Leben suchten, nämlich bei einem menschlichen Gegenüber, mit noch größerer Einsamkeit konfrontiert werden.

Alle wollen nur das Eine: geliebt werden. Doch wenn jeder geliebt werden will, was kommt am Schluss dabei heraus? – Wir fordern und überfordern; wir erwarten vom anderen, was wir selbst nicht fähig sind zu geben – nämlich bedingungslose Liebe. Am Ende sind wir dann doch wieder allein zu Haus!

Ich denke jetzt an alle Single-Ladys, die ihr Leben lang vergeblich darauf warten, dass der Prinz auf seinem Gaul endlich vorbei geritten kommt. Oder all die Single-Männer, die sich jahrelang umsonst abgemüht haben, eine Prinzessin zu erobern. Ich sehe die vielen unglücklichen Ehen, in denen Sprachlosigkeit und hoffnungslose Langeweile eingezogen sind. Mich bekümmern die vielen, vielen Kinder, die keine glücklich-unbeschwerte Kindheit kennenlernen konnten. Mich macht es traurig, wenn ich Menschen sehe, die sich in falsche, verdrehte Beziehungen flüchten, weil sie glauben, der Schmerz des Alleinseins ließe sich besser zu zweit aushalten. Und was ist mit all den Kranken, Alten und mit denen, die keiner mehr haben will? **Unsere Welt ist verstrahlt mit Einsamkeit.** Das ist eine große Wunde. Die Strahlungswolke macht leider auch nicht halt vor Kirchen und Gemeinden. Wir finden ihre tödliche Wirkung selbst unter Pastoren und Leitern, in Hauskreisen und Mitarbeiterteams. Vielleicht hat sie sogar auch Dein kleines Leben schon erreicht?

Die Lüge über den „*lieben Gott*“

Dabei müssten wir Christen es eigentlich besser wissen! Schließlich kennen wir doch den *lieben Gott!* Warum gibt es auch in der Gemeinde Jesu so viel Einsamkeit und *Gott-Verlassenheit*? Warum haben so viele Christen damit zu kämpfen, dass sie Gottes Liebe nicht erleben oder ihr nicht vertrauen können? Warum wird immer wieder die bange (Theodizee-)Frage gestellt: Wie kann ein Gott der Liebe so viel Leid in der Welt zulassen?

Wir, die Kirchen, das Christentum, sind doch im Besitz der letztgültigen Antworten auf Sinn und Ziel des menschlichen Lebens. Das sagen wir jedenfalls und verkündigen es von den Kanzeln. Wir wissen um die Existenz eines Schöpfer-Gottes, der hinter allem steht und uns unendlich liebt. So behaupten wir jedenfalls. Bei ihm ist das wahre Leben zu finden. Man nennt ihn manchmal *Vater,* aber eigentlich lieber neutraler *Herr* oder *Herrgott,* oder manchmal sogar etwas verniedlichend *lieber Gott.*

Unsere Sprache verrät uns. **Sehr viele Christen glauben an die Allmacht Gottes und wissen um seine Rettung durch den stellvertretenden Tod Jesu am Kreuz, aber sie sind nicht wirklich angekommen bei einem Abba-Vater, der sie grenzenlos liebt.** Sie ruhen nicht in seiner Liebe. Sie stehen eher in einem Dienstverhältnis zu ihm. Ihr Lebensgefühl ist, dass sie sich anstrengen müssen, um das Ziel zu erreichen: die Berechtigung, in den Himmel zu kommen. Vielleicht ist der *liebe Gott* nämlich gar nicht so lieb?! Vielleicht ist er ein harter Richter? Oder er ist ein Ehrfurcht gebietender, heiliger Herrscher, den wir mit unseren Sünden zornig machen? Das Gottesbild der Kirchen Jesu war über Jahrhunderte von dieser falschen Sicht geprägt. Und ich behaupte, dass es heute immer noch so ist – wir haben einen überwiegend verzerrten Blickwinkel. **Die Lüge des Feindes** kommt frömmelnd und scheinbar biblisch-theologisch abgesichert daher. Der Gedankengang ist in etwa folgender (Bitte überprüfe selbst, ob Du ähnliche Gedanken und Lehraussagen auch in Dir wiederfindest!):

Gott, der Vater und Herrscher, ist in seiner Heiligkeit und Gerechtigkeit erzürnt über die Sünde seiner Menschenkinder. Sie alle haben in seinen Augen den Tod und die Vernichtung als Strafe verdient. Weil er aber seine Geschöpfe liebt, will er nicht den Tod des Sünders. Jetzt kommt Jesus ins Spiel. Er, der einzigartige und vollkommene Sohn Gottes, unser großer

Bruder, ist bereit, aus Liebe für uns ans Kreuz zu gehen, um die Ehre des Vaters wiederherzustellen, indem er die gerechte Strafe für die Sünden der Menschheit auf sich nimmt. Und damit sind die Rollen verteilt. Jesus ist der *gute Gott*, der uns wirklich liebt und sich für uns alle hingibt; der sogar für uns in den Tod geht. Ja, und der Vater? Welche Rolle kommt ihm zu? Ist das nicht der heilige und fordernde Richter, der *harte Gott*? Ist er nicht der unerbittliche Vater, der den großen Bruder bereitwillig opfert, weil die Kleinen es total verrissen haben? Und dann wendet er sich sogar noch von Jesus ab. Wir hören Jesus rufen: *„Mein Gott, mein Gott, warum hast du mich verlassen?"* (Matthäus 27,46) Siehst Du?! Am Schluss war sogar Jesus allein! Von allen Menschen und von Gott verlassen. Gott-Verlassenheit als höchste Form der Strafe; absoluter Liebesentzug als Höllenqual. Und von wem geht das alles aus? – Antwort: vom Vater! Aber wie sollte man solch einem Vater vertrauen können?

Kein Wunder, wer dieses Bild und Verständnis von Gott-Vater in sich trägt, kann sein Herz nicht zur Ruhe bringen beim *lieben Gott*. So ist es dem Teufel über Generationen gelungen, die wahre frohe Botschaft von der grenzenlosen und bedingungslosen Liebe unseres himmlischen Vaters auszuhöhlen und mit Ängsten zu besetzen. **Das Christentum war über weite Strecken viel mehr mit den eigenen Sünden beschäftigt und damit, in den Himmel zu kommen bzw. der Hölle zu entrinnen, als in die weit geöffneten Arme von Abba-Vater zurückzukehren**.

Heilung für unsere Wunde

Es gibt Augenblicke, Tage und manchmal sogar ganze Phasen in unserem Leben, in denen wir uns **von Gott und Menschen verlassen fühlen** können. Da sind wir enttäuscht von uns und von anderen; ja, selbst von Gott. Wir sind umhüllt von dieser dunklen Wolke der Einsamkeit und können nichts mehr sehen. Wenn es uns so ergeht, dann erahnen wir ein kleines Stück von der Dunkelheit, die damals Jesus Christus am Kreuz umgab, als er den Vater nicht mehr sehen und spüren konnte. Einsamkeit und Gottesferne sind reale Wahrnehmungen unserer Seele. So fühlen wir. So erleben wir es. Allein zu Haus in uns. Hänschenklein ganz allein in der weiten Welt.

Allein, selbst unter vielen Leuten. Wenn wir dann versuchen, dieses riesige Loch der Ungeborgenheit in uns durch die Liebe eines anderen Menschen zu füllen, muss es fehlschlagen. Daran zerbrechen menschliche Beziehungen letztendlich, weil keiner auf der ganzen Welt uns die Liebe geben kann, die nur Abba-Vater schenkt. **Seine Vaterliebe ist die einzige Quelle für erfülltes Leben!** Wir selbst zerstören die Beziehung zu den Menschen, die wir lieben, oder von denen wir Liebe empfangen wollen, wenn wir von ihnen erwarten, dass sie uns die Liebe geben, die nur der Vater im Himmel uns geben kann. Das Gleiche gilt auch umgekehrt: Wir sind nicht Gott und können den Hunger nach Liebe im anderen nicht dauerhaft ausfüllen. Das muss schiefgehen.

Aber wie heilt unser Gott die Wunde von Einsamkeit und Verlassenheit? – Da müssen wir **zurück ans Kreuz von Golgatha**. Ja, es stimmt, dort hängt der Sohn Gottes und nimmt alle Schuld der Menschheit, alle Flüche, Ungerechtigkeiten, Krankheiten und Todesmächte auf sich – die gesamte dunkle Strahlenwolke lagert sich auf ihn. Und sogar das Gefühl der abgrundtiefen Einsamkeit. Doch anders, als wir oftmals gelehrt worden sind, war das der **geniale Liebesplan** eines gnädigen, barmherzigen und liebenden Abba-Vaters.

> *„Das alles aber [kommt] von Gott (vom Vater), der uns mit sich selbst versöhnt hat durch Jesus Christus (…) weil nämlich Gott (das heißt der Vater) in Christus war und die Welt mit sich selbst versöhnte, indem er ihnen ihre Sünden nicht anrechnete"*
>
> (2. Korinther 5,18-19).

Die Betonung liegt auf Folgendem: *Wir* brauchen das Kreuz zur Wiederherstellung unserer durch Sünde zerstörten Gottesbeziehung. Der liebende Vater opfert sein Herz, seinen Sohn *für uns*, um *uns* den Weg freizumachen, zurück in seine Arme zu kommen. Im Fokus stehen der Vater in seiner Liebe *zu uns* und wir, seine Kinder, die er liebt. Und nicht, wie so oft gepredigt, die Strafe und das Gericht. **Nicht der Zorn eines heiligen Vaters verlangte nach dem Kreuz, sondern das Herz eines Abbas voller Liebe.** Der Vater bahnte uns durch sein grandioses Opfer, durch den Tod seines vielgeliebten Sohnes Jesus Christus, den Weg zurück an sein Herz.

Den Weg, der uns durch die Macht der Sünde und die Anrechte des Teufels so lange versperrt war. Der Schrei Jesu: „Mein Gott, mein Gott, warum hast Du mich verlassen!“, war die gefühlte Abwesenheit der Liebe Gottes, so wie Du und ich es auch erleben können. **Aber Abba-Vater war nie weggegangen und wird nie weggehen!** Wir sind nicht allein zu Haus! Unser Papa ist immer bei uns! Er ist mittendrin im Rachen der Hölle, in der Löwengrube, im Feuerofen, am Kreuz, im Sturm, in der großen Dunkelheit Deiner und meiner Nacht der Seele … Er hat versprochen, immer bei uns zu sein. Er bleibt unser Immanuel. Gott mit uns. Ja, wir können das manchmal auch nicht sehen und fühlen, so wie damals Jesus am Kreuz – und dennoch gilt sein Versprechen in Ewigkeit:

> *„Ich will dich nicht aufgeben und dich niemals verlassen!“*
>
> (Hebräer 13,5)

Seine Vaterliebe bringt die Heilung, nach der unser Leben verlangt!

Und nun zu Dir

- *Wofür lohnt es sich zu leben? Welchen Zielen und Werten räumst Du in Deinem Leben einen hohen Stellenwert ein?*
- *Kennst Du auch diese Wunde der Einsamkeit? Wie äußert sie sich bei Dir? Was hat Dir bisher schon geholfen, damit auf hilfreiche Weise umzugehen?*
- *Wie hast Du bis jetzt die Rolle von Gott-Vater beim Kreuzesgeschehen verstanden? Wie würdest Du Deine Beziehung zum Vater beschreiben?*

Kapitel 3

Meine Reise zum Vaterherzen Gottes

Meine geistlichen Wurzeln

Ich bin Gott sehr dankbar, dass ich in einer christlichen Familie aufwachsen durfte. Solange ich denken kann, ist mir die Nähe Gottes vertraut. Meine Eltern lebten in einer Baptistengemeinde, und dort machte ich als Kind meine ersten Glaubenserfahrungen. Bei uns zu Hause gab es einen Spruch: „Eine Maus, die in einer Keksdose geboren wird, ist noch kein Keks!" Und so war das auch bei mir: mein christliches Elternhaus machte mich nicht automatisch zu einem Nachfolger Jesu. Erst als Teenager lernte ich Jesus Christus als meinen persönlichen Herrn und Erlöser kennen. Auslöser dazu war der Bibelvers aus Johannes 14,6, wo Jesus sagt: *„Ich bin der Weg, die Wahrheit und das Leben; niemand kommt zum Vater, denn durch mich!"*

Nie werde ich den Tag vergessen, an dem ich bewusst Jesus als meinen Retter annahm. Ich bat ihn im Gebet, in mein Leben zu kommen – und er kam. Fortan wusste ich, dass ich wusste, dass er da ist (Gotteserkenntnis). Im selben Augenblick war mir klar, dass ich so vor Gott nicht bestehen konnte (Sündenerkenntnis). Und sogleich schenkte er mir seine Liebe und Vergebung (Gnadenerkenntnis). Ich ließ mich taufen und lebte mit in der Gemeinde. Dort verkündigte man Jesus. Das war das gute, pietistische Erbe dieser Freikirche. Jesus, Jesus, Jesus über alles!

Die Bedeutung des Kreuzes und der Auferstehung wurde geglaubt, gelehrt und gepredigt. Ich liebte Jesus, also wurde ich ein engagierter Mitarbeiter seiner Gemeinde. Doch schon nach wenigen Monaten war ich sehr müde gelaufen vom vielen Dienen. Ich fragte mich enttäuscht, ob das schon das ganze Leben sei, das Jesus anzubieten hat. Jemand sagte zu mir: „In unserer Gemeinde kann man Jesus finden, aber nicht das Leben!“ Auch ich hatte Hunger nach mehr!

Es gibt mehr!

Durch übergemeindliche Beziehungen bekam ich zu jener Zeit Kontakt zu den Ausläufern der Jesus-People-Bewegung in unserem Land. Ihre Frömmigkeit war radikal, echt und vor allem originell erfrischend. Sie hatten anscheinend ein Geheimnis in ihrem Leben, das mir noch verborgen war. Ständig lobten sie Gott mit ihren zeitgemäßen Liedern, sie sprachen wie Verliebte von ihm und mit ihm. Und sie redeten für meinen Geschmack viel zu viel über den Heiligen Geist. Dennoch kam ich davon nicht los, denn mein Hunger nach mehr wurde immer größer. Ich suchte nach dem echten Leben aus Gott, selbst dort, bei denen, vor denen man mich gewarnt hatte, nämlich bei den „charismatischen Christen“.

Gott ließ mein Schreien nicht unbeantwortet. Souverän schickte er einen jungen Mann aus der englischen Hauskirchenbewegung vorbei, der meine Situation erkannte und mich fragte, ob ich denn den Heiligen Geist schon kennen würde. Als guter evangelikaler Christ war ich auf solch eine Frage vorbereitet und winkte ab; natürlich habe ich den Heiligen Geist, denn niemand kann Jesus als Herrn bekennen, außer er hat den Geist Gottes (siehe 1. Johannes 4,2). Aber der junge Brite blieb dran und sagte: „Ich fragte nicht, ob du den Heiligen Geist hast, sondern, ob er dich hat ..., hast du ihn eingeladen, dass er dein Leben so gestalten darf, wie Jesus es möchte?“ Auf diese Frage hatte ich keine schnelle Antwort parat. So knieten wir uns hin und ich lud den Heiligen Geist bewusst ein, mein ganzes Leben mit der Kraft Gottes auszufüllen. Und er kam ..., mit seinen Früchten und Gaben. Ich wurde getauft mit der Kraft aus der Höhe! Ich erlebte: es gibt wirklich mehr!

Die manifeste Gegenwart Gottes

Spannende Jahre folgten für mich nun. Ich erlebte meine Berufung in den vollzeitigen Dienst als Pastor, arbeitete in einem Missionswerk mit und studierte Theologie. So lernte ich die Kraft Gottes kennen, sah viele Menschen zu Jesus kommen und freute mich an zahlreichen Wundern, die er auch durch mein Leben hindurch wirkte. Schließlich erlebten meine Frau und ich in unserem ersten Gemeindedienst einen erwecklichen Aufbruch unter jungen Leuten. Mittendrin in diesen herrlichen Zeiten erfasste uns die Gemeindegründungswelle. Ehe wir uns versahen, war eine neue Gemeinde entstanden. Wir wussten anfangs auch nicht warum. Wir wussten nur, dass, so gut wir den Herrn verstehen konnten, er zu uns gesprochen hatte: „Stellt mir Gefäße auf für die kommende Erweckung in eurem Land!" Wieder stieg ein Hunger in unseren Herzen auf! Mehr, Herr!

Unsere Sehnsucht nach Erweckung führte uns nach Argentinien, Toronto und Pensacola... und manchen anderen Ort, wo bereits das Feuer der Erweckung brannte. Wir fingen selbst Feuer und brachten es mit nach Hause. Wir sahen den Heiligen Geist auf neue, ungewohnte Art unter uns wirken. Menschen fielen unter der Kraft des Heiligen Geistes, lachten oder weinten oder wurden auf andere Art und Weise körperlich und innerlich stark bewegt. Uns interessierte dabei die Frucht des Ganzen. Die Veränderungen im Leben vieler überzeugten uns. So lernten wir die „manifeste", erfahrbare Nähe Gottes schätzen und lieben.

Sicherlich ist Gott allgegenwärtig da. Die ganze Erde ist erfüllt mit seiner Güte, wie es in Psalm 33,5 heißt. Und doch ist es vergleichbar mit der Sonne. Sie ist auch immer und überall da – nur manchmal leben wir auf der abgewandten Seite der Erde im Dunkeln oder sie scheint hinter einer Wolkendecke. Wie wunderbar ist es jedoch, wenn die Sonne zwischen den Wolken hervorbricht und mit ihrem Licht alles durchflutet. So verhält es sich auch mit der manifesten Gegenwart Gottes. Da ist ein gewaltiger Unterschied, wenn die Herrlichkeitswolke Gottes herunterkommt und Gott erfahrbar in seiner Macht hervortritt.

Mehr als alles begehrten wir nun diese wunderbare Gegenwart des Herrn in unseren Gottesdiensten und auch im Alltag. Aber je mehr Herrlichkeit kam und je heller es wurde, umso mehr Schmutz und Hässlichkeit wurde offenbar. Wenn es heftig zu regnen beginnt, laufen zuerst die Gullys über. So folgte eine Zeit der Reinigung. Es kam uns vor, wie es im Hebräer 12, 26-29 beschrieben steht, dass alles, was man erschüttern kann, nun gerüttelt und geschüttelt wurde, damit das Echte hervorkäme. Wir erlebten

Krisen, Enttäuschungen, Zerbruch – sowohl auf der persönlichen Ebene als auch als ganze Gemeinde. Da war es nur ein „kleiner Trost", dass es fast allen befreundeten Gemeinden ebenso erging.

Meine Lebenskrise

In den ersten Jahren der Gemeindegründung haben wir eine Menge Anfängerfehler gemacht. Wir mussten durch manche „Kinderkrankheiten" hindurch. Das war nicht immer leicht. So sahen wir eine ganze Reihe von Leuten kommen und auch wieder gehen. Sogar manches Mal mit einem heimlichen Vorwurf gegen mich, meine Frau und die anderen Gemeindeleiter, dass wir ihnen etwas schuldig geblieben seien. Durch die Jahre belastete mich das mehr, als ich es mir eingestand. Schließlich wollte ich doch nur den Menschen dienen und das Beste für sie. Ich wollte eine Gemeinde bauen, wo jeder glücklich mit Jesus leben konnte. Und wenn dann die Kritik kam, ich oder die Gemeinde hätten sie verletzt, dann fühlte ich mich als Versager auf ganzer Linie. Als dann noch ein guter Freund, der mit uns die neue Gemeinde gegründet hatte, für mich überraschend wegging, fühlte ich mich derartig verraten und im Stich gelassen, dass eine tiefe, lähmende Enttäuschung auf mich kam.

Alles erschien auf einmal so schrecklich sinnlos. Für Monate war ich untröstlich. Selbst meine Frau erreichte mich nicht mehr mit ihrer Liebe. Jeder Tag wurde zum Kampf, der schon mit dem Aufstehen anfing. Mein täglicher Gebetsschrei war: „Oh Gott, komm zu mir!" Denn so viel wusste ich trotz aller Dunkelheit in mir und um mich herum, dass Gott immer noch da war, selbst hinter der schwarzen Wolkenfront meiner Verzweiflung. Und es kam, wie ein Echo von den Bergen: „Mein Sohn, komm du zu mir!"

Ich hörte sehr klar und deutlich in mir, dass Gott gern Tage mit mir allein sein wollte. Aber ich sagte ihm nur, dass ich viel zu viele wichtige Termine habe, die ich unmöglich ausfallen lassen könne. Schließlich würde ich ja in seinem Reich gebraucht! Es dauerte noch mehrere Wochen, bis ich endlich zur Besinnung kam und das Leitungsteam meiner Gemeinde bat, mich für diese Zeit mit Gott freizustellen. Mittlerweile zeigte meine persönliche Krise auch Auswirkungen auf das Gemeindeleben. Die Atmosphäre und der Besuch der Gottesdienste litten, außerdem waren die Finanzen im Keller. Menschlich gesehen eigentlich kein günstiger Punkt für eine Auszeit. Alles schien irgendwie am Ende zu sein.

30 Tage mit dem Vater

Doch wie so oft, wenn wir am Ende sind, da fängt unser Gott erst richtig an! Diese 30 Tage wurden zum entscheidenden Wendepunkt meines Lebens. Ehrlich gesagt hatte ich ein wenig Angst vor diesen Tagen. Was sollte ich nur so lange machen? Fasten und beten? Das stellte ich mir furchtbar vor (denn ich habe die Gabe des Essens). Umso mehr überraschte mich Gottes Gegenwart. Ich hatte von Freunden wochenweise Möglichkeiten zur Verfügung bekommen. Hier eine leer stehende Ferienwohnung in den Bergen und dort eine Hütte am See. Als ich am ersten Tag ankam, fragte ich meinen Herrn, was ich nun tun solle. Und ich empfand in meinem Herzen, dass er mich aufforderte, ihm zu danken.

Mitten in meiner Krise Gott danken? – Das empfand ich als eine unverschämte Zumutung. Alles rebellierte in mir. Ich war erschrocken über so viel Wut und Zorn in meinem Innersten, die nun offenbar wurden. So bat ich ihn um Vergebung für meine Bitterkeit und bemühte mich, so gut ich halt konnte, meinem Gott zu danken. Und je mehr ich dankte, umso dankbarer wurde ich und mir fiel immer wieder noch etwas ein. Ich verbrachte mehrere Stunden mit Danken. Danach fühlte sich mein Herz wieder frei an. Ich begriff langsam, dass ohne Danken gar kein Platz in mir gewesen wäre, das zu empfangen, was danach kam. In den folgenden 30 Tagen erlebte ich die intensivste Zeit meines bisherigen Lebens.

30 Tage lang sprach Gott nur über ein Thema zu mir: Er offenbarte mir sein Vaterherz! Er machte Bibelarbeiten mit mir und gab mir ein tieferes Verständnis von seinem Wort. Ich hatte eine Flut von Visionen, Träumen und schrieb ganze Tagebücher voll mit prophetischen Eindrücken. Ich malte Bilder, komponierte Lieder, tanzte vor ihm, schrieb Kurzgeschichten und sogar ein kleines Andachtsbuch *(„100 Tage in der Liebe des Vaters")*[1]. Alles

---

1 100 Tage in der Liebe des Vaters, ISBN 978-3-935699-63-1, cap-books, Haiterbach-Beihingen

drehte sich um den Vater! Nie zuvor in meinem Leben war ich so kreativ. Aber das alles war keine Mühe, schwere Arbeit oder Leistung. Vielmehr kam es mir so vor, als ob ich die ganze Zeit auf dem Schoß meines himmlischen Vaters säße und er mich mit seiner Liebe taufte, badete, überschüttete.

In diesen wenigen Tagen stellte Gott, mein Vater, nicht nur mein Innerstes wieder her, sondern er rückte auch die Statik meines Lebens wieder zurecht. In meinem Wunsch ihm zu dienen, waren der Dienst, die Gemeinde, die Erweckung, die Verlorenen, ja, überhaupt die Menschen, zum Mittelpunkt geworden. Nun beschenkte er mich neu mit seinem Vaterherzen und eroberte den Platz zurück, der nur ihm gebührt.

Vielleicht zum ersten Mal in meinem Leben kann ich aufrichtig sagen, dass ich meinen Dienst nicht brauche! Halleluja! Denn ich weiß, dass ich geliebt bin von der größten Liebe im ganzen Kosmos, der Liebe des Vaters!

Erkenntnis oder Offenbarung

Oftmals, wenn ich von meiner Reise ans Vaterherz Gottes berichte, fragen mich Zuhörer: „Aber, Matthias, hast du nicht immer schon über die Liebe Gottes gepredigt? Und auch der Vater-Gott war dir doch kein unbekanntes Thema? Was ist diesmal so anders?"

Als Antwort fällt mir ein Vergleich ein: Als Kind hatte ich von der Stadt Hannover gehört. Später lernte ich Informationen über diese Stadt in der Schule. Und ich kann mich sogar erinnern, dass ich als Jugendlicher schon mal da gewesen bin. Aber jetzt lebe ich seit über 20 Jahren dort und das macht den Unterschied. Mit anderen Worten, du kannst Erkenntnisse über die Vaterliebe Gottes haben, und die hatte ich auch tatsächlich. Ich hatte Bücher darüber gelesen; ich war sicherlich auch öfters ganz nahe am Vaterherzen Gottes gewesen. Aber dann kam der Vater und offenbarte mir sein Herz. Offenbarung ist mehr als Erkenntnis! Offenbarung ist eine Begegnung! Jetzt wohne ich beim Vater, im Vaterhaus seiner Liebe.

Ganz nahe an seinem Herzen. Es wäre ebenfalls zu wenig, wenn Du dieses Buch lediglich zu den paar anderen Büchern über Gottes Vaterschaft in Dein Bücherregal stellst und dann denkst, dass Du jetzt auch dieses Thema abhaken kannst. Vielmehr wünsche ich Dir, dass Du Dein ganzes

Bücherregal mit all den anderen guten Erkenntnissen über Gebet, Mission, den Römerbrief etc. tief eintauchst in die Offenbarung der Liebe des Vaters. Darum geht es! Aus der liebevollen Beziehung zu Abba-Vater bekommen alle bisher gewonnenen Erkenntnisse einen neuen Glanz und eine tiefere Bedeutung!

Und nun zu Dir

- *An welchem Punkt stehst Du auf Deiner Reise zum Vaterherzen Gottes?*
- *Nimm Dir doch jetzt einen Augenblick Zeit und gehe innerlich die Stationen Deiner Vergangenheit durch. Vielleicht möchtest Du das aufschreiben oder als Lebenskurve aufzeichnen? Wo ist Dir bereits die Liebe des Vaters konkret begegnet?*
- *Bitte ihn um mehr Offenbarung seiner Liebe!*

Kapitel 4

Der Raum der Begegnung

Während der 30 Tage machte ich eine Erfahrung, die mein ganzes Glaubensleben nachhaltig tief verändern sollte. Davon möchte ich jetzt berichten. Eines Morgens betete ich: „Vater, bitte lasse mich doch ein Stück deiner Herrlichkeit sehen!“ Und sogleich empfand ich die Antwort Gottes in meinem Herzen: „Mein Sohn, ich werde dir ein Stück meines Vaterherzens offenbaren!“ In den folgenden Stunden hatte ich eine Sequenz von inneren Bildern und prophetischen Visionen, wie ich das noch nie zuvor erlebt hatte. Paulus berichtet im 2. Korintherbrief, Kapitel 12, über eine ähnliche Dimension von Gotteserfahrung. Womöglich klingt das für den einen oder anderen Leser fremdartig, dann störe Dich bitte nicht an Äußerlichkeiten, sondern versuche die Kernaussagen auf Dich wirken zu lassen.

In seinem Herzen ist Raum für mich

Ich sah vor meinem inneren Auge, wie aus der Vogelperspektive, ein unendlich weites Feld. Als ich es genauer betrachtete, fiel mir auf, dass es aus lauter facettenartigen Räumen bestand. Sie schimmerten in den buntesten Farben. Selbst wenn ich es versuchen würde, könnte ich nicht diese Farbenpracht beschreiben. Ihre Zahl schien unermesslich, fast wie ein ganzes Universum. Mir fiel auf, dass die Räume nicht statisch waren, sondern eher wie lebendige, pulsierende Zellen. Mal zogen sie sich weit auseinander und ich dachte an den Psalm 18: *„Du stellst meine Füße auf weiten Raum!“* – und dann zogen sie sich schützend wieder zusammen und ich wurde an Psalm 91 erinnert, dass Gott unsere feste Burg ist. Ich fragte den Vater: „Was ist das, was ich da sehe?“ Und er antwortete. „Das sind die Räume in meinem Vaterherzen! Jeder Mensch hat einen eigenen Raum in meinem Innersten!“ Mir kam der alte Graham Kendrick Song in den Sinn: „Gott ist gut ..., in seinem Herzen ist Raum für mich und ich lauf' voll Freude zu ihm!“

Im Raum der Begegnung

Im nächsten Moment fand ich mich innerlich an einem anderen Ort vor. Ich fragte den Vater: „Wo bin ich jetzt?“ Und er sagte: „Du bist jetzt im Raum der Begegnung. Das ist dein Raum in meinem Vaterherzen. Hier kommen nur du und ich hinein. Du sollst wissen, dass du einen festen Platz in meinem Herzen hast! Du und ich füllen diesen Raum mit dem Besonderen unserer Beziehung.“

„Auch wenn das bei der Fülle der Menschen nur schwer für deinen Verstand vorstellbar erscheint – aber in meinem Herzen hat jeder Mensch einen eigenen Lebensraum und speziellen Platz. Meine Liebe zu dir – und deine Liebe zu mir – sind einzigartig. Deshalb freue ich mich so sehr über jeden Sünder, der zu mir umkehrt und den Raum meiner Liebe im Vaterhaus betritt. Durch jeden Einzelnen erstrahlt mehr Licht und Schönheit um meinen Thron. Jeder Heimkehrer bringt neue Farben und Formen, bereichert mit neuen Facetten und Nuancen. So kommt meine Herrlichkeit noch mehr zum Vorschein.“

Ich sah mich in „meinem Raum der Begegnung“ um. Die Wände waren gefüllt mit Bildern. Diese Bilder waren wie Monitore, auf denen mir vertraute Situationen abliefen. Es war eine Sammlung von Orten, an denen ich in meinem Leben schon einmal gewesen bin. Und zwar Orte, überall auf der Welt, wo ich glücklich war und zutiefst das Gefühl hatte zu leben. Das waren perfekte Augenblicke meines Lebens.

Perfekte Augenblicke meines Lebens

Ich fragte: „Vater, warum sind diese perfekten Augenblicke hier? Oftmals habe ich dabei gar nicht an dich gedacht oder dir die Ehre gegeben.“ Der

Vater sagte: „Glaube mir, es gibt keine vollkommenen Momente ohne mich! Manchmal war dir meine Gegenwart bewusst. Doch oft warst du mehr mit der Schönheit der Natur oder anderer Dinge beschäftigt, als an mich zu denken. Aber ich war dabei und habe diese Augenblicke mit dir genossen, das macht sie zu vollkommenen Momenten deines Lebens."

Ich konnte mich gar nicht genug satt sehen an all der Schönheit in diesem Raum. Dort gab es so viel, was mir etwas bedeutete: meine „selbstgestrickten" Lieder, mein Tanzen (zugegeben, ein bisschen wie Bär Balu), meine leidenschaftlichen Gebete, meine selbst gemalten Bilder – meine Art von Kreativität. Sollte all das Gott etwas bedeuten?!

Ich hörte den Vater sagen: „Ja, mein Sohn, ich liebe deine Art, wie du mich liebst und anbetest. Das ist einzigartig. So, wie du mich liebst mit all deinen Gaben und Talenten, kann mich kein anderer Mensch auf der ganzen Welt lieben. Schmücke unseren Raum mit göttlich inspirierten Künsten. Schon ein schlichtes Liebeslied aus deinem Mund bringt mein Herz zum Schmelzen, und einer einzelnen Rose kann ich nicht widerstehen."

Der Vater verlangt nach mir

Es gab so viel mehr in diesem Raum: das Buch der Erinnerungen mit unseren Liebesgeschichten, die himmlische Schatztruhe mit all den aufbewahrten Verheißungen, den Baldachin des göttlichen Friedens, die Wolke der Herrlichkeit, das gefüllte Schweigen, Symbole und Zeichen seiner Gegenwart, wie Brot und Wein, Kreuz und Taube, ein weißes Tuch und eine Posaune … und andere Requisiten des Himmels. Alles in diesem Raum schien in Bewegung zu sein. Ohne Hektik und Eile, und doch mit spürbarer Dynamik. Es gab keinen Stillstand, und doch strahlte alles Ruhe aus. Ständig geschah etwas aufregend Neues. Immer wieder gab es Überraschungen.

Ich freute mich über Konstellationen, die sich scheinbar zufällig ergaben, und doch von der ordnenden Hand des Vaters gesteuert wurden. Zufälle ereigneten sich beiläufig, gelenkt von höherer Spontaneität und Harmonie. Ich spürte die allgegenwärtige, göttliche Schöpfungskraft. Die Zeit schien stille zu stehen. Der ganze Raum war geprägt vom Einklang der Herzen, ineinander verwoben und ineinander verloren. Absolute Einheit von Liebe, Frieden und lautloser Glückseligkeit. Ich kam aus dem Staunen gar nicht mehr heraus. Und ich konnte es immer noch nicht fassen, dass all die Dinge, die mir etwas bedeuteten, auch meinem Vater-Gott so wichtig erschienen. Ich empfand solch eine Wertschätzung und Würde für meine Person. Ich dachte daran, wie oft meine „Stille Zeit" wirklich *sehr stille* war, weil ich eine fromme Pflichtübung daraus gemacht hatte. Und nun sah ich mit meinen inneren Augen, wie sehr der Vater nach mir verlangt. Ich habe „Wohnrecht" in seinem Herzen! Das ist es also, worum sich alles dreht. Der Vater wartet im Raum der Begegnung auf mich und will Gemeinschaft mit mir haben. Er steht vor der Tür unserer Herzen und klopft an. Er wartet, bis wir endlich aufmachen, und dann kommt er sofort und hält das Abendmahl mit uns (siehe Offenbarung 3,20).

Die anderen Räume im Vaterherzen

In der nächsten Bildersequenz sah ich die Räume im Vaterherzen wieder aus der Höhe. Diesmal fiel mir auf, dass nicht alle Räume so herrlich bunt und schillernd waren. Einige erschienen mir dieses Mal geradezu farblos. Ich fragte den Vater: „Vater, was ist mit diesen Räumen der Begegnung?" Und die Antwort kam: „Mein Sohn, das sind die Räume, die nur selten betreten werden. Manche nur am Sonntag, andere nur sehr unregelmäßig. Ich warte dort vergeblich auf meine Kinder."

Und dann sah ich sogar Räume, die sich scheinbar, wie Nebel im Morgenlicht, aufzulösen begannen. „Vater, und was ist mit diesen Räumen?" „Das sind die Räume, die nie ein Mensch betreten hat. Ich habe dort alle Tage des Lebens auf meine Kinder gewartet, aber sie kamen nicht. Sie waren viel zu beschäftigt oder glaubten den Lügen über mich."

Ich habe in meinem Leben schon öfters über die Verlorenheit von Menschen weinen müssen, aber diesmal brachen Tränen aus mir hervor, weil ich den Schmerz meines himmlischen Vaters ein wenig mitempfinden konnte. Mit jedem Menschen, der nicht zu ihm kommt, fehlt unserm Abba-Gott etwas Kostbares. Kein anderer kann ihm das geben, was dieser einzigartige Mensch ihm in Liebe hätte geben können. Wenn ich ihn nicht mit allem, was in mir ist und mich als Persönlichkeit ausmacht, liebe, dann entgeht meinem Gott etwas. Ich beraube ihn seiner Fülle. Manchmal denken wir fälschlicherweise, dass es auf unser „Bisschen" gar nicht ankommt. Aber stell Dir mal bitte einen Vater vor, der zehn Kinder hat, und eines von ihnen stirbt. Meinst Du nicht, dass der Vater, bei aller Freude über die neun anderen Kinder, tiefe Trauer über das eine fehlende Kind in seinem Herzen tragen wird? So fehlen unserem Vater im Himmel Millionen von Kindern, die nicht zu ihm kommen, die niemals ihren Raum der Begegnung in seinem Vaterherzen betreten werden.

Ich darf täglich kommen

Diese Vision vom Raum der Begegnung hat mein Leben mit Gott sehr stark verändert. Ich habe tiefer verstanden, dass Gott die intime Nähe zu mir sucht. Der Vater will meine Freundschaft! Mich hat es mit Freude erfüllt, dass die Dinge, die mir Spaß machen, auch ihn beglücken. Das hat mein Verständnis und auch die konkrete Umsetzung, wie ich meine persönliche Zeit mit Gott verbringe revolutioniert. Ich bin schon viele Jahre Christ und hatte immer ein schlechtes Gewissen, dass ich nicht genug bete oder Bibel lese … Kennt das noch jemand außer mir?

Mir sind die Vater-Worte aus der Bergpredigt (Matthäus 5-7) in diesem Zusammenhang ganz neu wichtig geworden. Der Vater, der im Verborgenen ist und ins Verborgene sieht, ruft uns ins „stille Kämmerlein". Früher dachte ich, dass ich mich anstrengen müsste, selbst für diesen Ort zu sorgen. Jetzt weiß ich um den Raum in seinem Herzen. Ich kann jederzeit den Raum betreten. Ich darf täglich zu ihm kommen. Ich schließe die Augen und mache mir bewusst, dass er da ist, und schon trete ich ein in diesen herrlichen Raum, ganz nahe beim Vater. Sofort kann ich ihn loben, meine innersten Gedanken mit ihm teilen. Und er redet zu mir und zeigt mir die Welt mit seinen Augen.

Ich habe mir angewöhnt, die Gedanken und Impulse, die dann kommen, in einem geistlichen Tagebuch aufzuschreiben. Manches davon sind einfach schlicht meine Gedanken, aber ich bin erfreut, wie viel doch aus seinem Herzen mit dabei ist. Und es wird immer mehr! *„Seine Schafe hören seine Stimme, und er kennt sie und sie folgen ihm"* (Johannes 10,28).

Und nun zu Dir

- *Wie mag wohl Dein Raum der Begegnung im Vaterherzen Gottes aussehen? Nimm Dir bitte Zeit und frage den Vater im Gebet.*
- *Wie ist Deine Art, Gott zu lieben? Welche neuen, kreativen Wege könntest Du ausprobieren?*
- *Fange an (möglichst regelmäßig) aufzuschreiben, was der Vater in Deinem Herzen zu Dir spricht. Vielleicht möchtest Du es in Form eines Briefes machen: „Meine geliebte Tochter / Mein geliebter Sohn …"*

Kapitel 5

Die schönste Love-Story der Welt

Weshalb Jesus Christus zu uns kam

Jesus Christus kam, um am **Kreuz** für die Sünden der Welt zu sterben und uns, durch seine Auferstehung von den Toten, Anteil an dem ewigen Leben zu schenken. Das ist das gemeinsame Glaubensbekenntnis aller wiedergeborenen Christen auf der Welt.

Der pfingstlich-charismatische Teil der Christenheit würde dann noch ergänzend sagen: Jesus Christus kam außerdem, um das **Reich Gottes** in der Kraft des Heiligen Geistes zu demonstrieren. Er heilte die Kranken, befreite Menschen von finsteren Mächten und weckte die Toten auf; er tat Zeichen und Wunder.

Leider blieb ein dritter Aspekt seines Kommens bisher zu wenig beachtet: Jesus Christus kam auch, um uns Gott als **Vater** vorzustellen.

Dass unser Gott ein Vater ist, ist eine absolute Neuigkeit. Das gibt es sonst in keiner anderen Religion auf der Welt. Allah ist kein Vater. Buddha hat einen dicken Bauch, ist aber auch kein Vater. Unter den Millionen Götzen des Hinduismus wirst Du keinen Vater finden. Selbst den Juden ist es verborgen geblieben, dass ihr Gott ein Abba-Vater ist (obgleich sie es aus zahlreichen Hinweisen der Schrift hätten wissen können; so z.B. Psalm 103,13 / Jesaja 64,7). Und auch uns Christen fehlt vielfach dieses Wissen. Dabei beten wir das „Vater-Unser" und bekennen im Glaubensbekenntnis: „Wir glauben an Gott, den Vater, Schöpfer des Himmels und der Erde!" Aber das war es dann auch schon. Mehr haben wir über Gottes Vaterschaft leider oftmals nicht zu sagen. Die Lehre des Christentums kennt in ihrer Dogmatik sehr wohl die Christologie (Lehre von Christus), die Pneumatologie (Lehre vom Heiligen Geist) und manch andere „Logien", aber eine „Abbalogie" (Lehre vom Vater), die kennen wir bisher noch nicht. Dabei müssten wir nur die Bibel genauer lesen, um zu erkennen, wie sehr Jesus Christus darauf bedacht war, uns Gott als liebenden Vater vorzustellen. Das war damals revolutionär neu und das ist auch heute noch ein Augenöffner.

Die schönste Love-Story

Jesus erzählt in Lukas 15 meiner Meinung nach die schönste Liebesgeschichte der Welt. Er malt uns Gott als liebenden Vater vor Augen. So ist unser Gott – und nicht anders! In seinen Geboten verbietet uns der Herr, dass wir uns eigene Bilder von ihm machen (2. Mose 20,4). Das gilt auch heute noch. Unsere falschen Gottesbilder müssen umgestürzt werden: Gott als alter, passiver Opa im Schaukelstuhl; oder als Himmelspolizist mit dem Strafzettel; oder als abstraktes, gefühlsloses Etwas; oder als heiliger, ferner Allmächtiger, der mit meinem Leben nicht viel zu tun hat. Es kommt nicht darauf an, wie wir uns Gott vorstellen, sondern vielmehr, wie er sich uns selbst vorgestellt hat!

Unser Gott sandte Jesus Christus, seinen einzigartigen Sohn, um dieser Welt zu offenbaren, dass er ein liebender Vater ist. Davon handelt diese wunderschöne Geschichte, die Jesus Christus damals erzählte:

> *„Ein Mann hatte zwei Söhne. Eines Tages sagte der Jüngere zu ihm: ‚Vater, ich will jetzt schon meinen Anteil am Erbe ausbezahlt haben.' Da teilte der Vater sein Vermögen unter ihnen auf. Nur wenige Tage später packte der jüngere Sohn alles zusammen, verließ seinen Vater und reiste ins Ausland. Endlich konnte er sein Leben in vollen Zügen genießen. Er leistete sich, was er wollte, bis er schließlich keinen Pfennig mehr besaß. Zu allem Unglück brach in dieser Zeit eine Hungersnot aus. Es ging ihm sehr schlecht. In seiner Verzweiflung bettelte er so lange bei einem Bauern, bis der ihn zum Schweinehüten auf die Felder schickte. Oft quälte ihn der Hunger so, dass er froh gewesen wäre, etwas vom Schweinefutter zu bekommen. Aber selbst davon erhielt er nichts. Da kam er zur Be-*

sinnung: ‚Bei meinem Vater hat jeder Arbeiter mehr als genug zu essen, und ich sterbe hier vor Hunger. Ich will zu meinem Vater gehen und ihm sagen: Vater, ich bin schuldig geworden an Gott und an dir. Sieh mich nicht länger als deinen Sohn an, ich bin es nicht mehr wert. Aber kann ich nicht als Arbeiter bei dir sein?‘ Er stand auf und ging zurück zu seinem Vater. Der erkannte ihn schon von weitem. Voller Mitleid lief er ihm entgegen, fiel ihm um den Hals und küsste ihn. Doch der Sohn bekannte: ‚Vater, ich bin schuldig geworden an Gott und an dir. Sieh mich nicht länger als dein Sohn an, ich bin es nicht mehr wert.‘ Sein Vater aber befahl den Knechten: ‚Beeilt euch! Holt den schönsten Anzug, den wir im Hause haben, und gebt ihn meinem Sohn. Bringt auch einen kostbaren Ring und die Schuhe für ihn! Schlachtet das Kalb, das wir gemästet haben! Wir wollen feiern! Mein Sohn war tot, jetzt lebt er wieder. Er war verloren, jetzt hat er zurückgefunden.‘ Und sie begannen ein fröhliches Fest. Inzwischen kam der ältere Sohn nach Hause. Er hatte auf dem Feld gearbeitet und hörte schon von weitem die Tanzmusik. Erstaunt fragte er einen Knecht: ‚Was wird denn hier gefeiert?‘ ‚Dein Bruder ist wieder da‘, antwortete er ihm. ‚Dein Vater hat sich darüber so gefreut, dass er das Mastkalb schlachten ließ. Jetzt feiern sie ein großes Fest.‘ Der ältere Bruder wurde wütend und wollte nicht ins Haus gehen. Da kam der Vater zu ihm und bat: ‚Komm und freu dich mit uns!‘ Doch der entgegnete ihm bitter: ‚Wie ein Arbeiter habe ich mich all diese Jahre für dich geschunden. Alles habe ich getan, was du von mir verlangt hast. Aber nie hast du mir auch nur eine Ziege gegeben, damit ich mit meinen Freunden einmal hätte richtig feiern können. Und jetzt, wo dein Sohn zurückkommt, der dein Geld mit Huren durchgebracht hat, jetzt gibt es gleich ein Fest, und du lässt sogar das Mastkalb schlachten!‘ Sein Vater redete zu ihm: ‚Sohn, du bist immer bei mir gewesen. Was ich habe, gehört auch dir. Darum komm, wir haben allen Grund zu feiern. Denn dein Bruder war für uns tot, jetzt hat für ihn ein neues Leben begonnen. Er war verloren, jetzt hat er zurückgefunden!‘“

(Lukas 15,11-32 / Hoffnung für alle)

Drei Überraschungen

Wahrscheinlich gehört dieses Gleichnis zu den bekanntesten Passagen der Bibel. Normalerweise wird sie als „Geschichte vom verlorenen Sohn" betitelt. Dabei handelt sie ja vielmehr von dem Vater und wie er mit seinen Söhnen umgeht. Jesus will seinen Zuhörern damals wie heute deutlich machen: Genau so ist Gott, euer Vater! In seiner Erzählung gibt es für mich drei Überraschungsmomente, die wir uns näher betrachten wollen.

Erstens: Der Vater läuft dem verlorenen Sohn entgegen!

Wenn in der damaligen Zeit jemand noch zu Lebzeiten des Vaters sich das Erbe auszahlen ließ, dann war das eine der schlimmsten Beleidigungen. Man brachte damit zum Ausdruck: „Du bist für mich gestorben! Ich will mit dir nichts mehr zu tun haben!" Normalerweise hätte der Vater seinen rebellischen Sohn dafür mit Schimpf und Schande davonjagen können. Aber hier sehen wir, wie Gott-Vater handelt. Er teilt einer gottlosen Menschheit noch das Erbe aus. Er schenkt allen das Leben und lässt seine Sonne auf Gerechte und Ungerechte scheinen; egal, was sie daraus machen werden. Der Traum von der großen Freiheit ohne den Vater stellt sich bald als eine Lüge heraus. Das Geschöpf ist ohne seinen Schöpfer am Ende bald erschöpft. Der Sohn landet in der Gosse bei den Schweinen. Statt sich selbst zu verwirklichen, gerät er in notvolle Abhängigkeiten. Am Tiefpunkt angelangt, geht er in sich. Dort entdeckt er tief in seinem Inneren das Bild seines Vaters. Er erinnert sich: „Ich habe ein Zuhause! Ich gehöre eigentlich gar nicht hier her! Ich will zurück zum Vater!" Oftmals liegt eine dicke Schicht von Enttäuschungen und Schmerzen auf unseren Herzen. Aber in Krisenzeiten, wenn alles erschüttert wird, was erschüttert werden kann, bricht dann tief in uns diese Erkenntnis auf, und das Bild des Vaters kommt zum Vorschein. Jeder Mensch trägt diese Sehnsucht, nach Hause zu kommen, in sich. Wenn wir ehrlich genug sind und unser Stolz zerbrochen genug ist, sind wir bereit, umzukehren. Und da erwartet uns die erste Überraschung. Der Vater ist nicht böse auf uns. Vielmehr hat er die ganze Zeit am Ende der Straße sehnsüchtig auf uns gewartet. Er rennt uns entgegen, fällt uns um den Hals, umarmt uns herzlich und bedeckt uns, die wir nach Schweinerei riechen, mit seinen Küssen. Er hat keine Angst, sich an uns schmutzig zu machen, und er wartet auch nicht ab, bis wir unsere wohlüberlegten Entschuldigungen vorbringen können. So kann nur einer lieben! Diese Art von bedingungsloser Annahme und Vergebung ist so verblüffend und provozierend, dass den Pharisäern das Wort im Halse stecken bleibt. Gott lässt Gnade vor Recht ergehen! Seine grenzenlose Güte erscheint fast ungerecht. Ein Gott, der den Sünder ohne Gegenleistung unverdientermaßen begnadigt? Ein Gott, der uns entgegenläuft und zärtlich zu uns ist? Ein Vater, der Dich fest in seinen Armen hält und von oben bis unten abküsst? Passt das in Deine Vorstellung von Gott? Entspricht das Deinem Bild von ihm? Aber genau das will uns Jesus sagen: solch ein guter Vater ist unser Gott!

Zweitens: Der Vater verlässt das Fest und geht auch dem älteren Sohn nach!

Darüber sind wir uns sicherlich einig, dass Jesus beim älteren Bruder an uns gedacht hat, die wir eigentlich immer schon irgendwie fromm waren und im Vaterhaus gelebt haben. Die älteren Brüder und Schwestern sind die engagierten Christen, die draußen auf den Erntefeldern arbeiten. Wir leben zwar im Vaterhaus und doch leider oftmals mehr mit einer Knechtsgesinnung, als im Bewusstsein, dass wir himmelreich sind. Deshalb können wir auch leicht bitter reagieren, weil in uns immer noch der Mangel vorherrscht. Wir sind nie so richtig äußerlich vom Vater weggegangen; wir leben mit ihm alle Tage. Aber unsere Beziehung zu ihm ist oberflächlich. Wir reden mit ihm über die Arbeit, aber nicht über seine und unsere tiefsten Herzenswünsche. Wir leben aneinander vorbei. Und wenn wir drinnen die Party hören, bleiben wir sogar wütend draußen vor der Tür. Wie wunderbar, dass unser himmlischer Vater uns gleichermaßen liebt und Ausschau nach uns hält. Hier kommt es zur nächsten Überraschung; der Vater verlässt das Fest und geht auch uns entgegen. „Mein Sohn, du bist immer bei mir gewesen! Du warst zwar äußerlich anwesend, leider aber nicht mit deinem Herzen. Schau nur, ich enthalte dir nichts vor. Alles, was mein ist, gehört auch dir! Rede doch mit mir! Lass uns in Beziehung treten! Ich will all deinen Mangel so gern ausfüllen. Du bist nicht nur mein Mitarbeiter, sondern mein geliebter Sohn und sollst auch mein Freund sein!" Höre doch, wie liebevoll der Vater um uns wirbt. Wer könnte da noch widerstehen, nicht mit hineinzugehen?!

Drittens: Die offenen Arme des Vaters, das sind die offenen Arme Jesu am Kreuz!

Eigentlich geht es in dieser wunderschönen Liebesgeschichte nicht nur um einen Vater mit zwei Söhnen, sondern vielmehr um Gott-Vater und alle seine Kinder. Er sandte uns Jesus, seinen einzigartigen Sohn, damit dieser uns den Vater zeigt. Die dritte Überraschung: der wahre Sohn erzählt uns vom wahren Vater. Das ist entscheidend neu. Die Jünger Jesu waren so fasziniert von der Vater-Sohn–Gottesbeziehung, dass sie ihren Meister beknieten: „Lehre uns so mit Gott zu reden, wie du es tust!" Und Jesus nahm sie mit hinein in seine Abba–Intimität. Er sagte nicht nur „mein Vater", sondern „unser Vater, der du bist in den Himmeln!" (Matthäus 6,9). Jesus lädt uns ein, in diese einzigartige Gemeinschaft mit dem Vater zu kommen. Zugleich repräsentiert er den Vater. Er ist „ganz der Papa" (Johannes 10,30)! Wer Jesus sieht, der sieht den Vater (Johannes 14,9); wer ihn hört, der hört die Worte des Vaters (Johannes 12,49); er macht nur das, was er den Vater tun sieht (Johannes 5,19). Jesus ist das Vaterherz Gottes in Person! In ihm sehen wir, wie der Vater zutiefst ist. *„Niemand kommt zum Vater, außer nur durch den Sohn"* (Johannes 14,6). Hier liegt aber leider vielfach ein großes Missverständnis vor. Lange Zeit dachten wir, am Kreuz anzukommen sei schon das Ziel. So kamen wir zum Kreuz von Golgatha und blieben davor stehen, anstatt weiterzugehen und einzutreten. Jesus starb am Kreuz, um den wahren Weg zum ewigen Leben im Vaterhaus der Liebe Gottes frei zu machen. Das Kreuz ist quasi die Tür zum Vaterhaus. Nur wer durch sie hineingeht, gelangt in diese herrliche Beziehung zum Vater. Das ist die enge Pforte, von der Jesus spricht. Durch diese Tür passen nur Kinderherzen. Nur wer sich demütigt und kindlich klein wird, passt hindurch. Unser Ziel ist es, ganz nahe beim Vater zu leben, hier und heute und dann bis in Ewigkeit. Die offenen Arme des Vaters im Gleichnis, das sind die offenen Arme Jesu am Kreuz. Hier hängt blutend das Vaterherz Gottes. Nirgendwo gibt es eine tiefere Offenbarung seiner Vaterliebe als in der Passion Christi. Und diese offenen Arme laden auch heute noch ein, zum Vater nach Hause zu kommen!

Gott ist zutiefst Vater

Bei näherer Betrachtung wird das Zeugnis der Bibel immer klarer: unser Gott ist zutiefst Vater! Jesus sagt, dass der Vater größer ist als alles, selbst als der Feind, Mr. Dunkel (Johannes 10,29); und der Vater ist sogar größer als der Sohn (Johannes 14,28), denn am Ende der Zeiten wird der Sohn dem Vater-Gott alles zu Füßen legen (1. Korinther 15,28). Ich weiß, dass da mancher jetzt einen Knoten im Kopf bekommt. Das ist auch gar nicht so leicht mit der Dreieinigkeit Gottes: Vater, Sohn und Heiliger Geist. Im Laufe der Geschichte haben sich Kirchen darüber gestritten und gespalten. Wir dürfen nicht den Fehler machen, die eine Personenseite Gottes gegen die andere ausspielen zu wollen. Das wäre Unsinn. Gott ist einer und unteilbar! Er offenbart sich uns lediglich auf dreierlei Weise: der Heilige Geist ist der Atem des Vaters, der alles geschaffen hat und erneuert. Jesus ist das Vaterherz Gottes, das sich an unserer Stelle aus Liebe opferte. Aber in allem geht es einzig und allein um Jahwe, den allmächtigen Gott, der unser Vater ist und sein will. Gott ist zutiefst die Liebe in Person (1. Johannes 4,8). Wenn wir bekennen: „Jesus ist der Herr!" werden wir gerettet! Wenn wir zu Gott „Abba, lieber Papa" sagen, treten wir in eine liebevolle Beziehung ein! So wird die schönste Love-Story der Welt täglich im Leben von Tausenden weitergeschrieben. Halleluja!

Und nun zu Dir

- *Welche Vorstellungen von Gott leben in Dir? Nimm eine Konkordanz zur Hand und suche Bibelstellen heraus, in denen uns Gott als Vater vorgestellt wird.*
- *Denke einen Augenblick darüber nach und frage den Vater im Gebet, was das zu bedeuten hat, dass der heimgekommene Sohn ein neues Kleid, den Siegelring und neue Schuhe vom Vater bekam.*
- *Bist Du schon im Vaterhaus seiner Liebe angekommen? Oder stehst Du noch draußen? Vielleicht möchtest Du diesen Schritt – nach Hause zu kommen – noch einmal ganz bewusst gehen? Wie sollte nun Dein Leben in der täglichen Gemeinschaft mit Gott-Vater aussehen?*

Kapitel 6

Gott ist wirklich mein Vater

Wessen Sohn / Tochter bist Du?

Das 21. Jahrhundert ist sehr subjektiv-egozentrisch ausgerichtet. Das absolute Wohl des Individuums steht im Mittelpunkt. Unsere Zeitrechnung scheint mit unserem eigenen kleinen Leben erst zu beginnen. In der Regel denken wir nicht in Geschichtsabläufen oder in größeren Zusammenhängen. Jede Generation lebt so, als ob mit ihr erst alles anfinge und auch aufhöre. Das merken wir besonders schmerzhaft, wenn es um Generationengerechtigkeit in der Gesellschaft geht oder um eine zerstörte Umwelt, die wir unseren Nachkommen überlassen werden. Hiervon unterscheidet sich gravierend das Denken der Bibel.

Im Wort Gottes wird jeder einzelne Mensch wert geachtet, aber er ist immer zugleich Teil eines größeren Ganzen, nämlich der Menschheitsfamilie. Wenn man als junger Christ anfängt die Bibel zu lesen, erscheinen einem die Geschlechtsregister und Namensauflistungen vollkommen überflüssig. Der zeugte den, und der zeugte den …, wen interessiert das schon, wer wessen Sohn oder Tochter ist? So denken wir, beeinflusst vom Zeitgeist. Aber unser Gott legt größten Wert darauf, dass jeder Mensch weiß, dass sein Leben ein Puzzleteil in einem viel größeren Bild ist. Ich bin ein Glied in einer Kette. Mein Vater und meine Mutter waren vor mir da. Meine Kinder kommen nach mir. Die Geschichte fängt lange vor uns an und hört auch mit uns noch nicht auf. Das verleiht unserem Leben Sinn und Bestimmung. Zugleich brauchen wir die anderen Menschen, ohne die auch unsere Existenz nur bruchstückhaft bliebe.

Und Adam kam direkt von Gott

Wenn wir den Stammbaum Jesu nach Lukas 3, Verse 23-38 verfolgen, können wir zum Schluss lesen: „... *und Adam kam von Gott!*" Mit anderen Worten: Adam hatte keinen anderen Vater und keine andere Mutter als Gott höchstpersönlich! Nun lohnt es sich, nochmals in die ersten Kapitel der Bibel zu schauen, also den Bericht über die Schöpfung und den Sündenfall in 1. Mose 1-3. Unser Gott erschuf Adam als Krone der Schöpfung, als sein Ebenbild und Gegenüber; das einzige Lebewesen im ganzen Kosmos, das fähig sein würde, ihn zu lieben – das heißt, auf der höchsten, göttlichen Ebene mit ihm zu kommunizieren. Denn Gott ist ja die Liebe in Person (1. Johannes 4,16). Nicht einmal die Engel in aller ihrer Pracht haben dieses Privileg. Nur der Mensch kann sein freiwilliges Ja-Wort Gott schenken und damit eine echte Liebesbeziehung mit ihm pflegen.

Geschaffen für die Liebe

Wie weit hat sich die Menschheit von ihrem Ursprung entfernt?! Unser Schöpfer-Gott hat uns für die Liebe erschaffen und für nichts anderes! Wir sollten seine Kinder sein und im Garten seiner Liebe mit ihm, dem Vater, zusammen in absoluter Freude und Glückseligkeit leben. Immer wieder habe ich mich dabei ertappt, wenn ich diese ersten Seiten meiner Bibel las, dass es mir wie ein Märchen vorkam. Fast zu schön, um wahr zu sein. Und tatsächlich habe ich den starken Verdacht, dass selbst bibeltreue, geisterfüllte Leser diese Passage der Schrift Gottes ungewollt mit Unglauben füllen und gedanklich relativieren. Diese Worte klingen so archaisch fremd, wie aus einer anderen Welt. Wir können uns gar nicht mehr vorstellen, dass Gott mit Adam in der Kühle des Morgens im Garten spazieren geht. Das ist einfach zu „anthropomorph" für unseren Geschmack, zu „menschlich" von Gott gedacht. Und dabei merken wir gar nicht, wie „unmenschlich" wir oftmals von ihm denken.

Versuche Dir doch einmal bewusst zu machen, was geschehen wäre, wenn Adam und Eva damals nicht gesündigt hätten. Wenn sie statt der verbotenen Frucht vom Baum der Erkenntnis die gute Frucht vom Baum des

Lebens gegessen hätten. Dann wären sie jetzt 6000 Jahre oder noch viel älter (je nachdem, auf welcher Bibelschule man war ...). Sie wären nicht gestorben und auch alle ihre Nachkommen würden noch leben, so wie wir. Wir wären alle miteinander verwandt, eine große Familie. Auf ihrem Leben würde solch ein Glanz ruhen, dass wir wahrscheinlich Mühe hätten, sie anzuschauen. Wenn schon Moses nach 40 Tagen in der Herrlichkeitswolke unerträglich strahlte, um wie viel mehr müssten Menschen, die tausende Jahre mit offenem Angesicht die Schönheit Gottes geschaut haben, „himmlisch-verstrahlt" sein? Jeder Kontakt wäre pure Liebe, Ermutigung und Freude. Es gäbe auf der ganzen Welt kein Leid, Geschrei, Krankheit, Schmerzen, keine Sünde und keinen Tod. Es gäbe keine Worte für Angst, Scham, Schuld oder Hass. Alle Menschen wären in Liebe miteinander verbunden. Selbst unsere leiblichen Eltern wären total nett und erlöst, so auch wir. Niemand hätte uns je verletzt und auch wir hätten keinem anderen jemals einen Schaden zugefügt. Unsere Persönlichkeiten wären so von Gottes Charakter durchdrungen, dass wir einzig und allein sein Wesen widerspiegeln würden. Wir wären gewurzelt und gegründet in Gottes Liebe!

Das Trauma des Sündenfalls

Umso mehr löste der Sündenfall der Menschen ein Trauma aus, unter dem wir heute noch leiden. Diese Körper sind ursprünglich nie dafür geschaffen worden, krank zu werden oder die Strapazen der Sünde zu erleiden. Unsere Seelen wurden nie dafür konzipiert, all das Herzeleid zu ertragen. Und unser menschlicher Geist sollte eigentlich von Anfang an nur mit dem Geist Gottes gefüllt sein und aus Gott leben, anstatt versklavt unter Finsternis und Tod zu sein. Adam und Eva hatten solche reine Kinderseelen, dass sie einander anschauten und sich fragten: „Was meint der Vater damit, dass wir sterben müssen, wenn wir vom verbotenen Baum essen? Was ist Sterben?" Bis dahin kannten sie keinen Tod. Erst als sie durch ihren Ungehorsam aus der Gnade fielen, entdeckten sie die Scham. Sie fühlten zum ersten Mal Angst. Abgründe taten sich in ihnen auf. Sie wollten sich verstecken und machten sich Schurze aus Feigenblättern. Sie hatten die Herrlichkeit verloren. Die ganze Ungeborgenheit der Hölle brach über sie herein. Mittlerweile, nach tausenden Jahren Menschheit, haben wir uns leider an diesen Zustand so sehr gewöhnt, dass wir ihn nahezu für „normal" halten. Aber diese gefallene, sündige Welt war niemals der Plan Gottes für uns. Wir sind geschaffen für die Liebe und nicht für „nur Müh' und Arbeit war sein Leben"!

Gott ist der wahre Vater

Schauen wir uns noch einmal den Bericht über die Erschaffung des Menschen an. Gott-Vater nahm Substanz seiner Schöpfung, Staub vom Erdboden. Ein befreundeter Arzt und Wissenschaftler bestätigte mir, dass in der Erde alle biochemischen Substanzen zu finden sind, die unseren menschlichen Körper ausmachen. So formte der Vater mit seinen eigenen Händen die Physiognomie, die äußere Erscheinung, Adams. Wir sind handgemachte Originale des großen Designers und Künstlers. Und dann beugte er sich über sein Kind und hauchte den Ruach-Schöpferatem seinem Geschöpf in die Nase. Es mutet fast so an, als ob der Vater Adam ins Leben hinein küsst. Der erste Mensch schlägt die Augen auf. Und was sieht er als erstes? Richtig, seinen Vater! Und damit Adam nicht gleich einen Vater erlebt, der zur Arbeit fort muss, erschafft Gott als nächstes den Sabbat als Ruhetag. Jetzt ist genug Zeit, um die Liebe zu genießen und sich an den Werken der Schöpfung zu erfreuen! Der Mensch sollte von Anfang an wissen: Gott-Vater hat Zeit für mich und hat es zur wichtigsten Priorität erwählt, mit mir, Mensch, zusammen zu sein! So pflanzte der Herr einen Garten für seinen Sohn, einen Lebensraum, wo es ihm an nichts mangeln sollte. Er gab ihm eine sinnvolle, kreative Beschäftigung und Verantwortung. Schließlich erfüllte er ihm noch den größten Herzenswunsch und formte Adam ein menschliches Gegenüber als Partnerin und Ergänzung. Gott erschuf Eva, indem er etwas aus der Seite von Adam nahm (fälschlicherweise wurde das mit „Rippe" übersetzt. Das hebräische Wort bedeutet vielmehr: „Etwas, was ganz nahe am Herzen ist". Mit anderen Worten, die Frau ist kein „Rippchen" des Mannes, sondern sein „Herzstück". Das müsste Frauen besser gefallen, nicht wahr?!). Also auch Eva stammt direkt von Gott und hat ihren Ursprung in ihm.

Jenseits von Eden

Die Bibel gibt wenige Informationen zum Ursprung des Bösen. Wir erfahren lediglich, dass vor unserer Schöpfung ein „Tohuwabohu"-Chaos verursacht wurde. Wir können davon ausgehen, dass Mr. Dunkel, der Teufel, dahinter steckte. Luzifer war einer der Erzengel in Gottes unsichtbarer Welt. Wir erfahren über ihn, dass er gegen Gott rebellierte, indem er sein wollte wie Gott. Er verführte ein Drittel der Engel zum Ungehorsam und machte sie zu Dämonen. Aber auch die Engel sind nur Geschöpfe. Selbst der Teufel ist „nur" ein Geschöpf und kein Gott (manche Christen denken „dualistisch", so als ob der Teufel als „schwarzer Gott" gegen unseren guten, „weißen Gott" kämpfen würde. Aber das ist kein biblisches Denken!). Indem Mr. Dunkel sich von Gott löste, wurde er zum ultimativen Waisenknaben, zum ersten Vaterlosen.

Er hasst die Kinder des Allerhöchsten. Er ist neidisch auf sie. Auch er begehrt ein Vater zu sein. Dabei wird er niemals ein Vater sein können. Der Teufel kann nur zerstören; er kann niemals Leben schaffen. Seine Domäne ist lediglich die Dunkelheit und der Tod. Jesus nennt den Teufel in Johannes 8 *„den Vater der Lüge, der ein Mörder von Anfang an ist"*. Im Garten Eden kommt der Böse in Form eines Mediums, der Schlange. Obwohl der Sündenfall schon so lange her ist, ist die Masche, mit der der Teufel die Menschen verführt, bis heute die gleiche geblieben:

1. „Sollte Gott gesagt haben": Er sät Zweifel, indem er Gottes Wort in Frage stellt!
2. „Ihr werdet ganz gewiss nicht sterben, sondern sein wie Gott": Er lügt eiskalt und widerspricht der Wahrheit Gottes. Dabei verführt er uns zu seiner Unabhängigkeit und maßlosen Selbstüberschätzung.
3. „Es war eine Lust für ihre Augen": Er knüpft bei unserem Mangel und unseren Bedürfnissen an; er bedient sich unserer Sehnsüchte und Vorlieben und bietet uns scheinbare Befriedigung.

Leider lassen sich Adam und Eva leichtfertig vom Feind verführen. Sie treffen die falsche Entscheidung. Gottes Kinder misstrauen ihrem Abba und glauben stattdessen dem „Vater der Lüge" mehr als dem „Vater der Liebe".

Frei zur Liebe ist in Gottes Augen nur derjenige, der „Ja“ und „Nein“ sagen kann. Gott-Vater war bei der Erschaffung des Menschen bewusst ein sehr hohes Risiko eingegangen, indem er uns einen freien Willen schenkte. So machte er uns aber erst fähig zu einer wirklichen Liebesbeziehung. **Unser freiwilliges Ja-Wort war ihm mehr wert als die mögliche Gefahr der Zerstörung, die in jeder Freiheit steckt.** Lieben ist etwas sehr Riskantes. Wer sich der Liebe öffnet, macht sich verwundbar. Er könnte statt eines Ja-Wortes auch Ablehnung ernten. Unser Vater-Gott hat millionenfachen Liebeskummer wegen seiner Töchter und Söhne, die ihn verlassen haben, von Adam und Eva angefangen bis auf den heutigen Tag.

Unser himmlischer Vater war vor eine der schwersten Entscheidungen gestellt. Entweder würden seine Kinder nun auch noch vom Baum des Lebens essen und ewig in Sünde leben oder er müsste sie aus seiner heiligen Nähe verbannen und aus dem Garten werfen, um ihnen später eine Rückkehr zu seiner Liebe zu ermöglichen. Wir wissen, wie sich Gott entschieden hat. Er schickte seine Kinder fort und stellte einen Engel mit flammendem Schwert vor den Eingang Edens. Doch bevor sie gingen, geschah noch etwas sehr Erstaunliches. Der Vater brachte seinen Kindern Felle, um ihre Nacktheit damit zu bedecken. In der Regel wachsen keine Felle auf Bäumen. Mit anderen Worten: Hierfür musste ein Tier sterben, dem man das Fell über die Ohren ziehen konnte. Zum ersten Mal floss unschuldiges Blut für die Sünde der Menschen. Die Bibel sagt, im Blut ist das Leben. Dieses Opfer war eine prophetische Zeichenhandlung, in der der Vater zum Ausdruck brachte: „Meine Kinder, ihr habt in meinen Augen für euren Ungehorsam den Tod verdient, aber ich will nicht den Tod des Sünders. Ohne Blutvergießen kann eure Schuld nicht beglichen werden, deshalb suche ich an eurer Stelle ein anderes Opfer.“ Wir wissen nicht genau, welches Tier dafür sterben musste, aber ich habe da so einen Verdacht. Jedenfalls wissen wir, dass tausende Jahre später der Vater wieder ein Opfer brachte, diesmal für die Schuld der ganzen Welt. Er opferte seinen geliebten Sohn, Jesus Christus. Das Lamm Gottes, das die Sünde der Welt trug, bezahlte mit seinem Blut für unsere Verfehlungen. Und mit seinem „Fell“ bedeckt er fortan alle unsere Schwachheit und Blöße.

Als damals Adam und Eva Eden verlassen mussten, senkte sich der wabernde Waisengeist von Mr. Dunkel auf sie und ihre Nachkommen herab.

Es brach dem Vater das Herz, denn er wusste, welch ein langer, beschwerlicher Weg vor seinen geliebten Kindern lag. Er allein wusste, wie lange es dauern würde, bis er sie wieder in seine liebenden Arme schließen könnte. Er kannte alle Kämpfe und Nöte, die da draußen auf sie warteten. Es gab für ihn nur einen einzigen Trost, dass der Tag kommen würde, an dem der Preis für die Schuld seiner Kinder ein für allemal bezahlt sein *w*ürde. Er selbst würde mit seinem Herzblut bezahlen, denn er liebt seine Kinder mehr als sein eigenes Leben!

Der neue Adam

Mit Christus fängt Gott noch einmal neu an. Der Vater schafft einen Ausweg, unsere Rettung aus der Hoffnungslosigkeit einer verwaisten Welt. Er sendet uns seinen einzigartigen Sohn. Paulus bezeichnet Jesus als „neuen Adam“ (1. Korinther 15), mit dem eine neue Menschheit anfängt. Der wahre Sohn versöhnt uns mit dem wahren Vater und macht uns so wieder zu Söhnen und Töchtern!

So wie durch einen Menschen die Sünde auf alle kam, so kam durch den einen neuen Menschen die Gerechtigkeit und Erlösung für uns alle. Weil Adam gesündigt hat, muss auch ich sterben; und weil Jesus für mich starb, darf ich nun leben! Wie gesagt, diese Stellvertretung bereitet uns individualistischen Menschen des 21. Jahrhunderts Kopfzerbrechen. Aber stell Dir mal vor, Dein Urgroßvater wäre mit 10 Jahren gestorben. Hätte das irgendwelche Auswirkungen auf Dein Leben heute? – Ja, denn Du wärst jetzt gar nicht hier! Du und ich, wir sind Teil eines größeren Ganzen, unabhängig von unserer kleinen Perspektive.

Wer sein Leben diesem neuen Adam anvertraut, wer „in Christus“ ist, der wird selbst Teil dieser göttlichen Realität. In einer geistlichen Neugeburt werden wir wieder zu Kindern Gottes. Der Vater stellt den paradiesischen Urzustand wieder her. Wir dürfen nach Hause kommen und in der gleichen unmittelbaren Nähe mit dem Vater leben wie zu Beginn der Menschheit. Wir reden mit ihm, gehen mit ihm im Garten joggen und lieben ihn von Herzen. Das fängt hier und heute an und wird in der Ewigkeit in göttlicher Vollkommenheit vollendet.

Gott ist mein wahrer Vater

Wenn Du diesen biblischen Wahrheiten vertraust, dann wirst Du an den Punkt kommen, wo Dir deutlich wird, dass Deine Eltern auch nur Kinder sind, die wieder Kinder bekommen haben, und dass Dein eigentlicher, wahrer Vater Gott selbst ist. Ja, Du entstammst direkt aus Gott. Du bist empfangen worden in seinem Herzen: Du bist einer seiner Glücksgedanken (Näheres kannst Du dazu im Kapitel 12 lesen). Vor Äonen stieg in seinem ewigen Geist ein Gedanke der Liebe auf. Das warst Du! In Jeremia 1,4 lesen wir: „Ehe ich dich im Mutterleib bildete, habe ich dich erkannt!“ und in Jeremia 31,3: „Ja, mit ewiger Liebe habe ich dich geliebt!“ Und so wie unser „Ur-Bruder“ Adam ein handgemachtes Original Gottes war, so bist auch Du vom Kreator selbst ins Leben gerufen worden. Er wollte Dich, mit Deinem Aussehen, Deinem Geschlecht und Deiner Persönlichkeit. Du bist ganz der Papa!

Und nun zu Dir

- *Was bedeutet diese Wahrheit für Dich: „Ich bin für die Liebe geschaffen worden!“?*
- *Welche schlimmen, traumatischen Dinge Deines Lebens belasten Dich immer noch und fallen Dir spontan ein? Mache Dir bewusst, dass Gott Dich niemals dafür geschaffen hatte. Bringe sie jetzt zu ihm im Gebet und empfange neu Deine ursprüngliche, kindliche Unschuld und Leichtigkeit.*
- *Danke Gott, dass er Dein wahrer Vater ist; und dass Du sein geliebtes Kind bist, das er mehr liebt als sein eigenes Leben, so dass er sogar Jesus für Dich opferte!*

Kapitel 7

Jahwe ist Abba

Ups, da haben wir was übersehen!

Zu lange haben wir Christen übersehen, welche geistliche Tiefendimension und Vollmacht in der Vaterschaft Gottes begründet liegen. Wir hatten weder Erkenntnis noch Offenbarung, die weitreichend genug gewesen wären, um das ganze Bild seiner Gottheit umfassend zu sehen. Doch jetzt hebt sich die Decke der Unwissenheit hinweg und wir können mehr und mehr entdecken, wie herrlich unser Vater im Himmel ist – ja, und immer schon war! Wir bekommen **geöffnete Augen des Herzens**, um die Liebe Gottes in allen Dimensionen zu erleben.

> *„… dass der Gott, unseres Herrn Jesus Christus, der Vater der Herrlichkeit, euch [den] Geist der Weisheit und Offenbarung gebe, in der Erkenntnis seiner selbst, erleuchtete Augen eures Verständnisses (wörtlich: eures Herzens), damit ihr wisst, was die Hoffnung seiner Berufung und was der Reichtum der Herrlichkeit seines Erbes in den Heiligen ist“* (Epheser 1,17-18).

> *„… dass der Christus durch den Glauben in euren Herzen wohne, damit ihr, in Liebe gewurzelt und gegründet, dazu fähig seid, mit allen Heiligen zu begreifen, was die Breite, die Länge, die Tiefe und die Höhe sei, und die Liebe des Christus zu erkennen, die doch alle Erkenntnis übersteigt, damit ihr erfüllt werdet bis zur ganzen Fülle Gottes“* (Epheser 3,17-19).

Die stärkste Aussage, die wir über Gott machen können, lautet: **Gott ist die Liebe in Person (siehe 1. Johannes 4,8)!** Und die stärkste Aussage, die wir über die Liebe Gottes machen können, lautet: **Der Vater liebte die Welt so sehr, dass er Jesus, sein Herz, für uns opferte (siehe Johannes 3,16)! Das ganze Wort Gottes und die ganze Heilsgeschichte drehen sich einzig und allein nur um dieses eine Thema: Agape – Liebe Gottes – Vaterliebe! Die perfekte Verkörperung davon ist der Sohn Jesus Christus. Er ist das Vaterherz Gottes in Person.** Das ist das Hauptthema, alles andere sind Randthemen. Leider hatten die Kirchen zu lange keinen rechten Blick dafür. So kam es zu falschen Betonungen und einseitigen Lehren, bis hin zu Schräglagen und Verzerrungen der göttlichen Wahrheit.

Aber nun ist die Zeit gekommen, in der der Heilige Geist die Augen der Kinder Gottes öffnet und ihnen eine neue Sicht der Dinge schenkt. Alles erhält eine neue Perspektive durch die Offenbarung der Vaterliebe Gottes.

Jahwe ist Abba

Es gibt in der Bibel über 365 Namen und Betitelungen Gottes. Der vorherrschende Name im Alten Testament ist **Jahwe.** Wir finden ihn insgesamt fast 7.000 Mal, in unseren deutschen Übersetzungen zumeist gekennzeichnet durch die Großschreibung aller Buchstaben und übersetzt mit **HERR**.

Jahrhunderte lang wusste man nicht, wie dieser Name ausgesprochen wird. Denn damals hatten die Juden aus Ehrfurcht nicht gewagt, ihn über ihre Lippen kommen zu lassen. Stattdessen sagten sie jedes Mal nur *Adonai*, was *Herr* heißt.

Und da man im Hebräischen lediglich die Konsonanten aufschrieb und sich die Vokale dachte, fanden wir als Ergebnis der ganzen Geschichte am Schluss nur noch die Buchstaben: J – H – W – H. Lange Zeit wurde gemutmaßt, der Name Gottes müsste *Jehovah* ausgesprochen werden. Doch neue Sprachforschungen brachten dann die Auflösung: Jahwe ist der richtige Name, im Deutschen hinlänglich wiedergegeben mit: *Ich bin, der ich bin.* Aber auch da hilft uns die Wissenschaft weiter. Das scheint nur eine lückenhafte Übersetzung gewesen zu sein. **Dieser Gottesname beinhaltet das heilige Versprechen:** ***Ich bin für dich da und liebe dich!***[2]

Der Herrgott im Alten Testament ist demnach der gleiche Gott und Vater der Liebe, der uns im Neuen Testament mit offenen Armen entgegen gelaufen kommt. Diese Erkenntnis war und ist revolutionär. Ist Dir schon einmal aufgefallen, weshalb Jesus Christus vor dem Hohen Rat angeklagt wurde? Doch nicht, weil er Zeichen und Wunder vollbrachte, weil er Menschen heilte oder weil die Massen ihn Messias nannten. Nein, die offizielle Anklage lautete anders: Jesus sei ein Gotteslästerer, weil er **Abba** – lieber Papi – zu *Jahwe* sagte. Das ist ja auch unerhört! Die Betitelung des Allmächtigen als *Vater* wäre schon irgendwie unpassend erschienen, aber jetzt auch noch die Koseform *Papi* auszurufen, das ist doch zu kindisch und klingt nach Lästerung. Was für eine Majestätsbeleidigung des Allerhöchsten! Und dann setzt Jesus dem Ganzen noch die Krone auf und bezeichnet sich selbst als **Sohn Gottes**. Wo kommen wir denn dahin? Das ging gar nicht für die religiösen Geister, damals wie heute. *Religion* baut ein System um den Glauben, in dem Menschen dazugehören und funktionieren. Da kann Gott uns fern bleiben. Aber *Relation* ist auf Beziehung und Liebe aufgebaut. Da brauchen wir einen nahen, liebenden Gott als Papa. **Abba ist ein Beziehungswort.** Das ist die atemberaubende Entdeckung, die Jesus offenbarte: **Jahwe ist Abba! Ein Vater mit Herz!**

Gottes Vaterherz

Viele Menschen trauen unserem Gott eine ganze Menge **Herzlosigkeit** zu. Wie oft wird er auf die Anklagebank gesetzt und man wirft ihm vor: „*Wenn du mich wirklich lieben würdest … warum hast du dann dieses oder jenes Schwere zugelassen?*“ Wie schnell sind wir dabei, ihm und seiner Liebe mit **Misstrauen und Zweifel** zu begegnen, wenn wir seine Wege nicht verstehen. Solche Vorwürfe offenbaren, wie wenig wir in der Liebe des Vaters angekommen sind. Wir müssten es besser wissen. Schließlich spricht das Wort Gottes eine völlig andere Sprache der Zuversicht und des Vertrauens:

---

2 *siehe dazu den Artikel über Jhwh bei Wikipedia (Stand 2013)*

„Ist Gott für uns, wer kann gegen uns sein? Er, der sogar seinen eigenen Sohn nicht verschont hat, sondern ihn für uns alle dahingegeben hat, wie sollte er uns mit ihm nicht auch alles schenken?... Denn ich bin gewiss (wörtlich: ich habe absoluten Herzensfrieden), dass ...[nichts] uns zu scheiden vermag von der Liebe Gottes, die in Christus Jesus ist, unserem Herrn!" (Römer 8,31-32; 38-39)

Unser Abba-Vater hat ein Herz voller Liebe für uns, seine Kinder! (Es lohnt sich, mit der Konkordanz die passenden Bibelstellen nachzuschlagen, die über *Gottes Herz* sprechen. Du wirst staunen!) Er liebt uns wirklich! Von ganzem Herzen! Mehr als unsere irdischen Eltern, mehr als unsere besten Freunde, mehr als je ein Mensch es könnte! Seine Agape-Liebe ist die feste Größe im ganzen Universum. Alles kann wanken, aber seine Liebe bleibt bestehen! Darauf ist absolut Verlass!

Die Sprachen der Liebe

Unser Abba spricht alle Sprachen der Liebe![3] Weil er jeden Menschen erreichen will und weiß, wie unterschiedlich seine Kinder sind. Jeder braucht etwas anderes, um in der Liebe des Vaters anzukommen. So auch Du, so auch ich.

Der Vater spricht Worte der Ermutigung und Bestätigung. Dass Gott zu uns persönlich redet durch die Bibel, durch die Stimme des Heiligen Geistes in unserem Herzen oder auch durch andere Menschen, ist ein wunderbarer Ausdruck seiner Liebe zu uns. Er hat wirklich Interesse an mir und meint mich persönlich. Ich bin ihm wichtig! Er kennt mich und weiß, was ich hören muss.

Der Vater macht uns Geschenke. Abba ist ein großartiger Versorger. Er weiß, was wir wirklich brauchen. Seine Fantasie ist grenzenlos, wenn es darum geht, uns zu überraschen. Es steckt so viel Liebe im Detail, wenn er uns beschenkt. Doch das größte Geschenk ist und bleibt er selbst in Person. Wir brauchen nicht nur gute Gaben, sondern vor allem ihn, den Geber.

3 *siehe: Gary Chapman „Die fünf Sprachen der Liebe" (Verlag der Francke-Buchhandlung GmbH)*

Der Vater nimmt sich Zeit für uns. Das ist unfassbar. Der Ewige betritt Zeit und Raum, weil er unendlich gern bei uns sein will. Zeit ist unsere Dimension. So kommt er zu uns nach Hause. Oftmals lädt er uns dann zu sich ein. Ein Stück weit jedenfalls. Dann kommt der Himmel auf die Erde und wir erleben das Wunder, dass unsere Uhren anders gehen. Wie Verliebte sind wir einfach nur beieinander und vergessen alles um uns her.

Der Vater hilft uns praktisch. Das ist eine Art der Liebeszuwendung, die wir alle so nötig haben. Wir brauchen seine Hilfe in allen Angelegenheiten. Ohne ihn können wir nichts machen. Und er hilft uns so gern, bei den großen und kleinen Dingen des Alltags. Unsere Hilfe ist nur ein Gebet weit entfernt.

Der Vater berührt uns mit seiner Nähe und Zärtlichkeit. Vor Jahren hatte ich gar kein Verständnis dafür, was Intimität mit meiner Gottesbeziehung zu tun haben könnte. Mein Glaube lief allein auf der rationalen Schiene ab. Gefühle waren suspekt und verboten. Doch durch die Liebe des Vaters durfte ich noch tiefer kennenlernen, wie wunderbar zärtlich und freundlich seine Liebe mein Leben umarmen will. Mit allen Sinnen will die Agape-Liebe willkommen geheißen werden. Gerade weil dieser letzte Punkt für eine Menge Christen neu und ungewohnt ist, will ich im Folgenden noch näher darauf eingehen.

Die Liebe des Vaters will Dich berühren

Liebe hat sehr viel mit **Emotionen und Körperlichkeit** zu tun. Ohne Austausch von Zärtlichkeiten, Berührungen, Umarmungen, Augenkontakt, Lächeln und Freundlichkeit, usw. verkümmert jede Liebesbeziehung. So hat es Gott in uns Menschen angelegt. Und auch in der Liebesbeziehung mit ihm geht es nicht anders.

Wir brauchen seine spürbare Nähe. Wir leben auf durch die Freude und den Frieden, die der Heilige Geist in unseren Herzen bewirkt. Wie sollten wir Gott lieben oder uns von ihm lieben lassen ohne Gefühle? Das geht nicht. Natürlich darf unser Glaube nicht einzig und allein auf Emotionen beruhen. Aber ebenso wenig wäre er überlebensfähig, wenn wir ihn nur auf unserer Willenskraft oder auf dem Verstand gründen. Mit allem, was in uns ist, will Gott empfangen werden! Leib, Seele, Geist. Kopf und Herz und Wille.

Die Liebe des Vaters will Dich berühren. Von innen und außen. Bei den Seminaren, die wir anbieten, setzen wir Symbole und prophetische Zeichenhandlungen ein, die Menschen ermöglichen, einen neuen (auch emotionalen und körperlichen) Zugang zu den geistlichen Realitäten zu finden. Wir machen dabei außerordentlich starke Erfahrungen mit der Nähe der Liebe des Vaters. Viele haben keinen Zugang zu ihren eigenen Herzen, weil sie den Kontakt zu ihren Gefühlen verloren haben. Ich könnte jetzt stundenlang davon berichten, wie ein rotes Kissen in Form eines Herzens, goldene Tücher über einem großen Schirm gespannt, ein bunter Mantel oder eine Krone in der Hand … zum Schlüssel wurden, sodass Menschenherzen sich neu öffneten und die Liebe des Vaters empfingen.

Und nun zu Dir

- *Welche Sicht von Gott hattest Du bisher, wenn es um das Alte Testament ging? Wo kannst Du dort bei Gott das Herz eines Vaters entdecken?*
- *Welche Sprache der Liebe spricht Dich besonders an? Wie erlebst Du überwiegend Gottes Liebe? Welcher Zugang ist Dir besonders hilfreich und welcher fremd?*
- *Wie stehst Du in Kontakt zu Deinen Gefühlen? Kannst Du mit Deinen Emotionen oder denen anderer gut umgehen? Welchen Platz haben sie in Deinem Glaubensleben?*

Kapitel 8

Von Vätern, Söhnen und Waisenkindern

Vater-Bilder

„Vater“ ist mehr als ein Wort. Es ist geradezu ein Bilderbuch von Erinnerungen, Gefühlen und Stimmungen. Jeder Mensch trägt seine eigenen Vater-Bilder in sich. Das mag auch manchmal der Grund sein, weshalb es so schwer fällt, Gott als Vater zu entdecken. Wie erzählt man jemanden, dass Gott ihn wie ein Vater liebt, wenn ihn sein eigener Vater als Kind sexuell missbraucht hat? Und wie kann man jemandem nahe bringen, dass Gott ein guter Vater ist, wenn der Betreffende noch nie seinen leiblichen Vater zu Gesicht bekommen hat, weil der sich nicht zu seinem Kind bekennen mag?

Wir merken schon, wenn wir es mit dem Thema „Vater“ zu tun bekommen, dann geht es auch um **die menschlichen Varianten und Zerrbilder**. Jeder Mensch hat hier seine ureigene Geschichte, die sich je nachdem positiv oder negativ auswirkt. Und diese guten oder schlechten Erfahrungen mit Vaterschaft sind wie ein vorgeschalteter Filter, durch den unsere Vorstellungen erst einmal hindurchfließen, wenn wir hören, dass Gott unser Vater ist.

Uns können unterschiedliche Vater-Bilder im Wege stehen:

• Der übermächtige Vater

Wer einen Vater hat, der wortgewaltig, rechthaberisch und körperlich dominant daherkommt, kann schnell geneigt sein, Ähnliches von Gott zu denken. Die Angst kann aufkommen, dass wir von Gott erdrückt und übergangen werden, so wie wir es womöglich in unserem familiären Kontext erleiden mussten.

- **Der schwache Vater**

Dieser Vater geht Konflikten lieber aus dem Weg. Er ist von Beruf und Familie so überfordert, dass er sich am liebsten zurückzieht in sein Schneckenhaus und seine Ruhe haben will. Wenn es darauf ankommt, dann ist er nicht da oder hat keine eigene Meinung. Wenn nun Gott auch noch so wäre, dann wären wir weiterhin auf uns allein gestellt, so wie wir es bereits in unserer Kindheit oft durchlebt haben.

- **Der abwesende Vater**

Vielleicht ist dieser Vater frühzeitig gestorben oder hat die Familie im Stich gelassen oder ist gar unbekannt. Jedenfalls ist er nicht da, wo man ihn braucht. Wenn Menschen diesen Schmerz der Verlassenheit durch ihren Vater erleiden mussten, kann es sein, dass sie nur schwer Zugang zu Gottes Vaterschaft finden. Sie tragen nämlich noch eine offene Rechnung von Wut und Enttäuschung tief in sich.

- **Der schweigende Vater**

Andere haben einen Vater, der sich in Schweigen hinter seine Zeitung zurückzieht. Vielleicht muss er immer viel arbeiten, ist wenig zu Hause, kann mit Kindern und Spielen nicht viel anfangen. Er straft durch Liebesentzug und ist launisch. Er hört einfach auf zu reden, wenn ihm etwas nicht passt. Sollte Gott etwa auch so sein, dann weiß man einfach nie, woran man ist, und geht besser seinen Gefühlsschwankungen aus dem Weg, indem man ihn in Ruhe lässt.

- **Der ganz gute Vater**

Die allermeisten Menschen haben sogar „einen ganz guten Vater“, wenn man sie fragt. Und selbst diese Gattung von Vätern kann uns den Blick für Gottes Vaterherz verstellen. Denn manchmal ist das Gute der Feind vom Besten. Es gibt Frauen, die nie heiraten werden, weil kein Mann der Welt jemals ihrem „Übervater“ das Wasser reichen kann. Und so können selbst positive Erfahrungen mit unseren Vätern götzenhaft im Wege stehen. Dann laufen wir Gefahr, Menschen mehr zu verehren und ihren Worten zu folgen, als Gott zu gehorchen.

Heil werden durch Gottes Vaterschaft

Im Epheserbrief Kapitel 3,14+15 lesen wir:

> *„Deshalb beuge ich meine Knie vor dem Vater, von dem jede Vaterschaft in den Himmeln und auf Erden benannt ist."* (Elberfelder)

Alle unsere irdischen Vater-Bilder können und sollen heil werden durch das gesunde Original. Alle Vaterschaft entspringt im Vaterherzen Gottes und ist nur entliehene Autorität, selbst wenn sie falsch angewandt sein sollte. Nur einer hätte das Recht, Vater genannt zu werden. Denn nur einer kann diesem Anspruch genügen, und das ist unser Vater im Himmel. **Aller Mangel, alle schmerzlichen Defizite, aber auch alle Verzerrungen können und sollen bei unserem Abba-Gott erlöst und korrigiert werden. Er liebt uns viel mehr, als ein Vater es kann!**

Gott ist der vollkommene Vater (Matthäus 5,48)! Bei ihm lernen wir, wie vollkommene Vaterschaft aussieht:

- Er ist unser Liebhaber (Johannes 16,27 / 1. Johannes 3,1)
- Er ist unser Versorger (Matthäus 7,11 / Jakobus 1,17 / Matthäus 6,26+32)
- Er ist unser Freund (Jeremia 3,4)
- Er ist unser Ratgeber (Jesaja 9,5)
- Er ist unser Erzieher (Hebräer 12,5 ff. / Hosea 11,3-4)
- Er ist unser Tröster (2. Korinther 1,3)
- Er ist unser Beschützer (Johannes 10,29)
- Er ist unser Vorbild (Johannes 5,19)
- Er ist unser Lehrer (Matthäus 11,29)
- Er ist unser Trainer (Johannes 20,21)
- Er ist unser Motivator (Markus 1,11)
- Er ist unser Helfer (Johannes 16,32)
- Er ist unser Herzenskenner (Apostelgeschichte 1,24)

- Er ist unser Arzt (Psalm 103,3)
- Er ist unser Wachstumsgeber (1. Korinther 3,7)
- Er ist unser Seelsorger (Matthäus 6,14)
- Er ist unser Verteidiger (Römer 8,31-34)
- Er ist unser Wiederhersteller (Lukas 15,22 / Offenbarung 21,5)
- Er ist unser Zuhause (2. Korinther 6,17-18 / Psalm 68,6-7)
- Er ist unser reicher König (Offenbarung 4-5)
- Er ist unsere Geborgenheit (Johannes 1,18)
- Er ist unsere Freude (Psalm 16,11)
- Er ist unser Papa (Römer 8,16 / Galater 4,6)

So ist unser himmlischer Vater ..., und noch viel mehr! Gott als Vater kennen zu lernen, das ist der Himmel auf Erden. Es gibt keine beeindruckendere oder wichtigere Persönlichkeit als ihn. Wenngleich sich Gott uns unterschiedlich offenbart hat, so bleibt doch die tiefste Erkenntnis über ihn, dass er uns wie ein liebevoller Vater zugewandt ist. Es gibt so viele verschiedene Namen und Umschreibungen Gottes in der Bibel. Doch der höchste Name über allen Namen ist der Name **Jesus**, was übersetzt „Helfer" bedeutet. Und die eindrucksvollste Beschreibung seines Wesens ist **Abba,** was die aramäische Koseform für „Papa, lieber Vati" ist.

Jesus ist das Herz des Vaters

In Johannes 3,16 (dem wohl bekanntesten Bibelwort) lesen wir:

> *„Denn so sehr hat Gott (der Vater) die Welt geliebt, dass er seinen eingeborenen (griechisch: monogenes = einzig in seiner Art, einzigartigen) Sohn (Jesus) gab, damit jeder, der an ihn (Jesus) glaubt, nicht verloren geht, sondern ewiges Leben hat!"*
>
> (Elberfelder, mit eigenen Anmerkungen)

Es gibt keine tiefere Erkenntnis über Gott als sein geoffenbartes Vaterherz in Jesus Christus. Der Vater hat sich Jesus vom Herzen gerissen und in unsere kalte, sündige Welt gesandt, damit er als Opfer der Liebe am

Kreuz von Golgatha vor 2000 Jahren unseren Tod erlitt und starb. Nirgendwo auf dieser Welt können wir Gottes Liebe reiner und klarer sehen als dort am blutigen Holz. Unser himmlischer Vater liebt uns genauso sehr wie seinen einzigartigen Sohn; ja, wie sein eigenes Herz. Motiviert von seiner übergroßen Barmherzigkeit, Gnade und Güte ist er bereit, den vollkommenen, sündlosen, reinen Sohn für die schmutzigen, verlorenen Rebellen einzutauschen. Unser Vater-Gott hat uns nicht mit Gold und Silber aus der Knechtschaft der Sünde und des Todes freigekauft. Das Lösegeld für uns war sein Herzblut! Jesus tat das aus freien Stücken. Der Vater musste ihn nicht dazu zwingen, unsere Strafe auf sich zu nehmen (Philipper 2,5-11). Jesus und der Vater waren so eins im Willen uns zu erretten, dass Jesus zum Äußersten bereit war.

Wenn wir das Vaterherz Gottes entdecken wollen, dann müssen wir Jesus Christus anschauen! Jesus Christus ist Gottes Vaterherz in Person! So sieht zutiefst Vater-Gott aus. Er ist ganz der Vater (Johannes 14,9). Er ist „die Ausstrahlung seiner Herrlichkeit und der Abdruck seines Charakters“ (Hebräer 1,3). Darum ist Jesus das Herz vom Ganzen; und nichts und niemand könnten wichtiger sein als er! Wenn am Ende der Zeiten sich der Sohn dem Vater völlig unterordnet und Gott „alles in allem“ sein wird (1. Korinther 15,28), dann heißt das nicht, dass Jesu Existenz in Gottes neuer Welt beendet ist. Vielmehr werden wir dann wieder die absolut vollkommene Einheit von Vater, Sohn und Geist erleben. Der Ewig-Vater (Jesaja 9,6) ist und bleibt der Urgrund allen Lebens. Und Jesus verkörpert sein Herz, so wie der Heilige Geist sein Leben spendender Atem ist.

Als Sohn Gottes leben

Bei allen Bezeichnungen und Würdetiteln, die die Bibel Jesus verleiht, ist doch der Begriff „Sohn Gottes“ der herausragende. **Es muss erstaunen, dass Jesus nichts anderes begehrte als „Sohn Gottes“ zu sein!** Damit veranschaulicht er seine Berufung: Er ist gekommen, um uns den Vater zu zeigen und zu demonstrieren, wie wir als Kinder Gottes leben können. Jesus Christus lebte so gewinnend seine Gottes-Sohnschaft aus, dass schon bald seine Freunde auch danach verlangten, dieselbe Nähe zu Gott als Vater erleben zu dürfen. So nahm der wahre Sohn Gottes seine Jünger mit hinein in seine Vaterbeziehung und lehrte sie zu beten: „Unser Vater“ (Lukas 11,1-13).

Heutzutage möchten viele „Apostel, Propheten“ etc … oder „geistliche Väter“ sein. Dagegen wäre nichts einzuwenden, wenn es uns nicht dabei um Position und Anerkennung ginge. **Aber wer will lernen, als Sohn / Tochter zu leben?**

Jesus – der wahre Sohn Gottes – suchte nicht die Anerkennung der Menschen. Sein Vertrauen in Gott war nicht davon abhängig, ob er immer Erfolg hatte. Er brauchte keine Wunder, um seinen Glauben zu beweisen. Jesus ruhte vollkommen im Vater, und der Vater freute sich an ihm. Das Geheimnis seines Lebens und Dienstes war seine Beziehung zu Gott, dem Vater. Diese liebevolle Einheit zwischen Vater und Sohn ist das Modell für unsere Nachfolge.

Wir können keine steilere Karriere auf dieser Welt machen, als ein Kind Gottes zu werden. Das ist die höchste Berufung und Auszeichnung. Das sind Ziel und Sinn unserer Existenz: **Wir sollen Söhne und Töchter werden, die zu diesem herrlichen Vater-Gott passen**! Sogar die ganze Schöpfung sehnt sich danach, dass die „herrliche Freiheit der Kinder Gottes offenbar wird“ (Römer 8,19).

Was hindert uns nur daran, in diese Bestimmung unseres Lebens zu kommen?

Leben wie ein Waisenkind

Seit dem Sündenfall sind wir dem Leben aus Gott so entfremdet. Die Menschen leben „gottlos“, das bedeutet auch „vaterlos“; sie leben wie „Waisenkinder“. In der Bibel wird dieser Status an mehreren Stellen auch mit „unehelichen Kindern“, die kein Anrecht auf ein Erbe haben, verglichen (z. B. Galater 4,4-7).

In der folgenden Grafik finden wir einige **Unterschiede zwischen einem Sohn und einem Waisenkind:**

WAISE	SOHN
kein Zuhause	Familie
muss für sich selbst sorgen	darf Kind sein
orientierungslos	Identität, Name
besitzlos	Erbe
Einsamkeit	Geborgenheit
Misstrauen	Vertrauen
schutzlos	Schutz

Isaak oder Ismael

Besonders in den biblischen Berichten über Isaak und Ismael (1. Mose 16-35) wird die Diskrepanz zwischen dem „Geist der Sohnschaft" und dem „Geist der Waisenkindschaft" sichtbar.

Ismael ist der Sohn der Ungeduld und Eigenwilligkeit. Er ist quasi die Notlösung. Er ist der Prototyp für ein „Waisenkind". Gott nennt ihn einen „Wildesel" ... *„seine Hand gegen alle und die Hand aller gegen ihn, und allen seinen Brüdern setzt er sich vors Gesicht!"* (1. Mose 16,12 / Elberfelder). Mit anderen Worten, er kämpft ständig um Position und wird niemals Ruhe geben. Immer muss er der Erste sein. So wird er zum Fortgeschickten und Einsamen. Er findet zeitlebens keinen Frieden und fristet bis zum Schluss ein gehetztes Dasein.

Wie anders daneben **Isaak**! Er ist der Sohn der Gnade, der Freude und des Lachens. Er ist der rechtmäßige Erbe, dem der Vater ein Fest bereitet. Er ist der Bundespartner Gottes. Und als Gesegneter des Herrn braucht er sich keine Sorgen zu machen. Er hat ein Zuhause, wo ihm alles gehört. So stirbt er alt und lebenssatt. Das ist das Leben eines Sohnes!

In diesen beiden alttestamentlichen Gestalten habe ich ein **Muster über das „Herz eines verwaisten Kindes" und das „Herz eines geliebten Kindes"** entdeckt:

Herz eines verwaisten Kindes	Herz eines geliebten Kindes
hält fest: • Menschen • Ressourcen • Gelder • Positionen gibt nicht gern ab.	**ist freigebig:** • großzügig • hilft gern anderen • gibt frei • kann loslassen hat genug …
Bestätigung durch Leistung Not, gebraucht zu werden	**kann ruhen in der Identität** **„Ich bin geliebt"** auf den Vater ausgerichtet
auf Menschen zentriert • sucht Anerkennung bei Menschen • Menschengefälligkeit • Menschenfurcht	**auf Gott zentriert** sucht die Anerkennung in der Liebe des Vaters
hat inneren Frieden in Regeln als Sicherheit • pocht auf seine Rechte • Gebote, Verbote • alles muss seine Ordnung haben, sonst verunsichert	**hat inneren Frieden in der Beziehung zum Vater** • Geborgenheit • Annahme • zu Hause sein
durch Furcht geleitet (Unsicherheit, wer bin ich?) • Dominanz • Stolz • Manipulation • Minderwertigkeit • Angst vor Versagen	**durch Frieden geleitet (mir kann nichts geschehen)** • hat seinen Wert bereits gefunden • weiß, wer es ist (Demut)

Waise	Sohn
kranker Selbstwert • zu hoch = Stolz • zu tief = Minderwertigkeit • weiß sich nicht einzuschätzen • **lebt aus der Annahme der Menschen**	**gesunder Selbstwert** • kann stehen zu Stärken und Schwächen • **lebt aus der Annahme des Vaters**
muss immer stark sein • Masken • Lebenslügen (tiefe Scham dahinter) • Feigenblätter • versteckt sich (Adam, wo bist du?)	**kann schwach sein** • ehrlich und wahrhaftig • verwundbar • transparent • kann sich sehen lassen, wie er ist • braucht sich nicht zu verstecken (nackt vor Gott)
Kritiker sieht und sucht eher das Negative	**Ermutiger** sieht und sucht eher das Positive
Motivation: Angst • Furcht • Unsicherheit	**Motivation: Liebe** • Annahme
Frucht: • Herrschen • Fraktionen / Gruppierungen • Unabhängigkeit • Kontrolle • Distanz	**Frucht:** • Dienen • Einheit • Gemeinschaft • Verantwortung • Nähe

Der richtige Umgang mit Ismael

Wie können wir richtig mit den „Ismaels", den „Waisenkindern" in uns und um uns her, umgehen? So brutal es klingen mag, aber wir müssen sie **„in die Wüste schicken"**, so wie es Abraham damals mit Ismael tat. **Übertra-**

gen bedeutet das, wir müssen der Versuchung widerstehen, selbst Gott zu spielen und ihnen helfen zu wollen. Dadurch machen wir es nur noch schlimmer, denn der „Waisengeist" wird immer kämpfen. Je mehr ich mich ihm nähere, desto mehr wird er versuchen, mich durch Kontrolle oder Manipulation zu beeinflussen. Er wird versuchen eine Machtposition zu bekommen, aber das wird ihm schon bald nicht mehr ausreichen. Immer will er der Erste sein.

An dieser Stelle habe ich persönlich viel Lehrgeld bezahlt. Denn als Seelsorger erlebte ich oftmals, wie Menschen, denen ich ja nur helfen wollte, sich auf einmal gegen mich wandten und mich angriffen. Die Waise kann nicht friedlich mit dem Sohn unter einem Dach leben. Früher oder später wird es zu Konflikten kommen. Der „versklavte Waisengeist" sieht „die Freiheit der Kindschaft" im anderen und schlägt in blinder Wut um sich.

„In die Wüste schicken" kann bedeuten, dem Bedürfnis nach Harmonie und Frieden zu entsagen und Menschen bewusst in die Hände Gottes abzugeben, sie loszulassen und Gott machen zu lassen. Ich bin nicht Gott, ich kann nicht alle Probleme (und vor allem Beziehungskonflikte) lösen. Ich darf sogar manchmal kein „Vater-Ersatz" („Ersatz-Mutter") sein, der nur oberflächlich die Wunden auf dem Herzen des Waisenkindes zudecken würde.

Als Ismael damals in der Wüste war und es ihm so richtig schlecht ging, rief er selbst zu Gott. Da hörte Gott auf das Weinen des Kindes (1. Mose 21,17), denn unser Gott ist ein Gott der „Witwen und Waisen" (Psalm 68,6) – das ist einer seiner Namen! Wir nehmen Menschen die Möglichkeit, in Sohnschaft zu kommen, wenn wir die Schmerzen abkürzen wollen und mit seelischer Zuwendung zukleistern. Das verwaiste Kind (in uns) muss zu dem wahren Vater rufen. **Nur unser himmlischer Vater hat die Macht, ein Waisenkind in einen geliebten Sohn oder in eine geliebte Tochter zu verwandeln!**

Und nun zu Dir

- *Welche Vater-Bilder / Vater-Erfahrungen trägst Du in Dir? Was ist dabei hilfreich und was steht Dir im Weg, Gott als Vater zu entdecken?*
- *Welche Herzenshaltung eines Waisenkindes und welche eines geliebten Kindes findest Du in Deinem Leben wieder?*
- *Wo stehst Du in Gefahr selbst Gott zu spielen und musst den Ismael in Dir oder in anderen in die Wüste schicken?*

Kapitel 9

Wie eine Mutter

Das Mütterliche im Vaterherzen Gottes

Unser Gott liebt uns nicht nur wie ein guter Vater, sondern auch wie eine zärtliche Mutter! In der Brust Gottes schlägt auch das Herz einer Mutter, denn unser Gott ist weder Mann noch Frau. Er ist Geist! Dennoch schuf uns Gott nach seiner Ebenbildlichkeit (1. Mose 1,27), als Mann und Frau. Das Männliche und das Weibliche, das Maskuline und das Feminine, das Väterliche und das Mütterliche entspringen beide dem Wesen Gottes. (Das hat nichts mit feministischer Theologie zu tun! Um Verwirrung zu vermeiden, spreche ich deshalb nicht von dem „Mutterherzen Gottes", sondern von dem „Mütterlichen im Vaterherzen Gottes"). Der **biblische Befund** spricht für sich:

> *„Wie einen, den seine Mutter tröstet, so will ich euch trösten"*
> (Jesaja 66,13 / Elberfelder).

Wie eine Mutter ... unser Vater-Gott trägt auch mütterliche Züge. Die Zärtlichkeit des Vaters in Lukas 15, wie er da am Ende der Straße auf den verlorenen Sohn wartet und ihm entgegenläuft, ihn herzlich umarmt und mit Küssen bedeckt, erinnert stärker an das Verhalten von Müttern.

Unsere irdischen Eltern können uns verlassen, aber der Herr nimmt uns auf und möchte für uns wie ein Vater und eine Mutter sein (Psalm 27,10).

Und selbst wenn eine irdische Mutter ihren Säugling vergessen würde, so würde doch unser barmherziger Gott uns niemals im Stich lassen (Jesaja 49,15).

Das hebräische Wort für **„Barmherzigkeit"** ist ebenfalls feminin und beschreibt den Ort im Uterus der Frau, wo das neue Leben sich einnistet. Will sagen, solch ein geborgener Lebensraum ist die Barmherzigkeit unseres Gottes.

Sprachforscher hatten so ihre Schwierigkeiten mit der Entdeckung, dass einer der Namen Gottes, „el shaddaj", auch mit „Gott der vielen Brüste" übersetzt werden könnte (man einigte sich dann schnell auf die neutralere Version: der Ehrfurchtgebietende). Dabei weist David in Psalm 131 darauf hin, dass er bei Gott zur Ruhe findet wie ein **gestilltes Kind an der Mutterbrust**. Ich fände es jedenfalls eine beruhigende Aussicht, dass bei Gott für jeden Menschen eine Brust zum Gestillt werden vorhanden ist! Und selbst der Apostel Paulus, der ganz gewiss nicht im Verdacht steht, verweichlicht zu sein, schreibt im 1. Thessalonicher 2,7: *„... sondern wir sind in eurer Mitte zart gewesen, wie eine stillende Mutter ihre Kinder pflegt"* (Elberfelder).

Nicht zu vergessen all die **Frauen in der Bibel**, mit denen unser Gott Geschichte gemacht hat, angefangen bei Eva, der ersten irdischen Mutter; dann die vielen Mütter der Patriarchen; tapfere Frauen wie Deborah, Ruth oder Königin Esther; bis hin zu Maria, der Mutter unseres Erlösers; und, nicht zuletzt, all die Nachfolgerinnen Jesu, wie eine Maria Magdalena unterm Kreuz und am leeren Grab; der Geist Gottes kam zu Pfingsten in gleicher Weise auch auf die Frauen (übrigens, in keiner Bibelübersetzung finden wir den Hinweis, dass die Männer damals blaue Flammen und die Frauen rosafarbene auf ihren Köpfen hatten; es war der gleiche Heilige Geist auf allen gleichermaßen!); wir finden Frauen wie Priscilla und Lydia auf den Missionsreisen der Apostelgeschichte und Frauen wie Phoebe und Synthyche, in den Briefen an die Gemeinden. Das revolutionäre Zeugnis des Neuen Testamentes lautet: *„da ist nicht Mann noch Frau, denn ihr alle seid einer in Christus Jesus!"* (Galater 3,28 / Elberfelder).

So wie sich Frauen daran gewöhnen müssen, dass die Bibel von „Sohnschaft" spricht, aber auch sie darin mit eingeschlossen sind, so müssen sich Männer damit vertraut machen, dass sie Teil der „Braut-Gemeinde" sind. Die ganze Terminologie, die sich um den Begriff **Braut** rankt, ist sehr feminin und romantisch (man lese nur dazu das Hohelied oder die Texte in der Offenbarung).

Der Kampf gegen das Feminine

Wenn wir wissen wollen, wo der Kampf der Geschlechter seinen Anfang nahm und, genau genommen, wo die entsetzliche Leidensgeschichte der Frauen begann, dann müssen wir in der Bibel zurückblättern bis zum Sündenfall im Garten Eden (1. Mose 3).

Früher (leider manchmal auch noch heute) sah man die Sache folgendermaßen: Weil Eva so schwach und verführbar war, wurde sie zur Verursacherin des Sündenfalls (Adam wäre so etwas nie passiert!). Dann verführte sie auch noch ihren Mann. Darum wurde sie hart von Gott bestraft: monatlich muss sie ihre Regelschmerzen ertragen und ihre Kinder unter Qualen zur Welt bringen. Dass Frauen durch alle Jahrtausende bis auf den heutigen Tag unterdrückt und ungerecht behandelt werden, ist sicherlich auch nur Folge des Fluches, als Gott zum Teufel sprach: *„Und ich werde Feindschaft setzen zwischen dir und der Frau …!"* (Elberfelder). Und weil es der Frau, nach allem was sie verbockt hat, besser ansteht, jetzt schön demütig zu sein, darf sie auch in der Gemeinde nicht zu viel Macht und Einfluss bekommen. Schließlich ist ja der Mann das Haupt. Frauen dürfen praktische Hilfsdienste und die Kinderarbeit verrichten; sie dürfen auf die Missionsfelder gehen, aber nicht auf die Kanzel und schon gar nicht in Leitungsgremien (da könnten sie ja über Männer herrschen).

Mir erscheint diese Sichtweise unbiblisch und nicht wahrheitsgemäß, auch wenn sie leider noch sehr weit verbreitet ist. Schauen wir noch einmal tiefer ins Wort Gottes.

Zunächst müssen wir feststellen, dass Eva, als Frau, nicht nur empfänglich war für die Lust, sondern vor allem für den Wunsch nach Einsicht. Sie wollte Weisheit haben, und das ist ein gutes Begehren. Es stimmt, sie ließ sich von Mr. Dunkel verführen. Aber vielleicht fehlte Adam nur der Mut, als erster das Verbotene auszuprobieren. Jedenfalls ist er erstaunlich schnell mit von der Partie. Und als sie beide vom Vater erwischt wurden, da petzte Adam gar nicht gentleman-like: „Das war ich nicht, das war Eva!" So erlebte die Frau zum ersten Mal, wie es sich anfühlt, vom Mann im Stich gelassen zu werden.

Beide hatten gesündigt und mussten deshalb aus dem Paradies. Beide ernteten die Saat ihres Ungehorsams. Und doch, selbst in seinen Gerichten ist unser Vater noch voller Erbarmen. Trotz des Fluches verheißt er hier bereits den Rettungsplan: *„Und ich werde Feindschaft setzen zwischen dir und der Frau, zwischen deinem Samen und ihrem Samen; er wird dir den Kopf zermalmen, und du, du wirst ihm die Ferse zermalmen“* (1. Mose 3,15 / Elberfelder).

Gott redet hier eindeutig zur Schlange, dem Medium des Bösen (und nicht zur Frau!). Er verflucht den Teufel und erklärt ihm den Krieg. Und jetzt bitte noch einmal genau hinschauen: wie wird der Kampf aussehen, den Gott Mr. Dunkel hier androht? Der Teufel wird es mit der Frau (Synonym für die Gemeinde Jesu, aber auch für Weiblichkeit) zu tun bekommen! **Die Frau ist der Feind des Feindes!** Ihre Art, ihre Weiblichkeit, ist die Kampfansage an das Reich der Finsternis. Und ihr Nachkomme, Jesus, der Messias, wird den Feind besiegen. Er wird den Kopf der Schlange, in dem das ganze Gift ist, zertreten, auch wenn er selbst dabei gebissen wird und sterben muss. Die Kinder der Frau werden die neue Generation der Erweckung hervorbringen. Die Frau ist absolut gefährlich für den Feind!

Das ist der wahre Grund für allen Hass, alle Unterdrückung und alle Feindschaft gegen das weibliche Geschlecht. Satan bekämpft das Feminine mit aller Macht – in gewisser Weise sogar mehr als das Maskuline – weil es für ihn so bedrohlich ist.

Feminines und Maskulines

Im Folgenden werden wir uns jeweils die Stärken und Schwächen unserer unterschiedlichen Geschöpflichkeit als Mann und Frau betrachten (hoffentlich ohne dabei nur in Klischees zu verfallen):

Erlöstes Feminines

- Bringt Leben hervor, Lebensgeberin und Ernährerin
- Empfängt Leben und gibt es weiter
- Ist mehr auf das Sein als auf das Tun ausgerichtet
- Intuitive Unterscheidung, Weisheit
- Schafft ein Zuhause, Geborgenheit, Zugehörigkeit

- Ist in guter Weise abhängig, kann vertrauen
- Ist fähig, Gefühle zu zeigen und auszudrücken
- Ist kompatibel, kann gehorchen und sich unterordnen, kann Konflikte lösen
- Blick für das Schöne und Kunstvolle
- Kommuniziert, schafft Verbindung durch Gespräch

Zerbrochenes Feminines

- Überemotional und hysterisch
- Geschwätzig und tratschsüchtig
- Passiv, hat keinen eigenen Willen
- Will keine Verantwortung übernehmen, Tagträumerei
- Genießt die Opferrolle
- Manipulierend und kontrollierend
- Anstatt zu geben – aussaugend
- Leicht zu beeinflussen und verführbar
- Sensationslüsternd
- Verführerin

Erlöstes Maskulines

- Fähigkeit, etwas aufzubauen und zu gestalten
- Kämpferisch und erobernd Initiator, Visionär
- Versorger und Beschützer
- Sach- und zielorientiert
- Dem Ganzen Struktur und Form gebend
- Rational, linear, logisch, mehr vom Denken geprägt
- Kraft zum Widerstand, Konflikte austragen
- Nach außen gewandt leben
- Ehre suchen und geben

Zerbrochenes Maskulines

- Hart, Machogehabe, Emotionen unter Verschluss
- Zu sehr leistungsorientiert
- Schweigsam, introvertiert
- Gewalttätig, grob und brutal
- Dominant und unabhängig
- Furchtsam, verweichlicht
- Trennt Herz und Verstand – gefühlsarm und kalt
- Trennt Seele und Körper – Pornographie
- Lebt partiell für die Arbeit oder ein Ziel

Die Vaterliebe Gottes will beides, Feminines und Maskulines, erlösen und wiederherstellen. Denn erst zusammen, als Mann und Frau, repräsentieren wir das Wesen unseres Gottes in seiner ganzen Fülle. Mann und Frau haben zusammen den Auftrag erhalten, über die Erde zu herrschen (1. Mose 1, 26-28). Weder Frauen sollen über Männer herrschen, noch Männer über Frauen. Aber gemeinsam haben wir das Mandat, in Besitz zu nehmen und zu gestalten. Nach meiner Erkenntnis gilt das für die Erde, aber auch für das Reich Gottes, und damit auch für das Zusammenleben in der Gemeinde.

Wenn wir Jesus näher betrachten, können wir feststellen, dass er ganzer Mann war mit allen maskulinen Anteilen – zum Beispiel, als er die Händler aus dem Tempel warf – aber dass er auch sehr einfühlsam und zärtlich sein konnte, geradezu feminin, zum Beispiel als er am Grab von seinem Freund Lazarus weinte. Der Vater will uns umgestalten zu Männern und Frauen nach seinem Herzen.

In einer sehr maskulin geprägten Gesellschaft klingt die Botschaft von der Vaterliebe Gottes eher feminin. Und tatsächlich ist unser Abba-Vater dabei, die Werte des Femininen wiederherzustellen: Intimität, Beziehung, Empfänglichkeit, Kommunikation, vertrauensvolle Hingabe, Stillen und zur Ruhe kommen.

Die Storge-Liebe

Auch wenn nicht jeder wiedergeborene Christ gleich ein Studium in Altgriechisch absolvieren muss, so gibt es doch eine Reihe von griechischen Worten, die uns im Zusammenhang der Bibel sehr geläufig sind. Es wissen wohl die allermeisten Bibelleser, dass die griechische Vokabel „Agape" für Gottes Liebe steht. Auch haben wir bestimmt schon mal etwas von der „Philia" gehört, der freundschaftlichen Zuneigung, oder von der „Philadelphia", der geschwisterlichen Liebe in der Gemeinde. Aber bitteschön, was ist denn nun schon wieder die „Storge"-Liebe?

Hinter der „Storge-Liebe" verbirgt sich die Form von Liebe, die besonders zwischen einem Neugeborenen und seiner Mutter stattfindet. Wenn von „Storge" die Rede war, dann meinte man die intensive Familienzugehörigkeit. Unser Wort „Storch" kommt daher. Störche galten in der Antike als Modell für Familienleben. Sie waren ein Inbegriff für lebenslange Treue und zärtliches Kümmern. Wie die Mutterstörche ihren Nachwuchs pflegen und wie man in der Storchenfamilie miteinander umgeht, ist sprichwörtlich. Erwachsene Störche bleiben einander ein Leben lang treu und sorgen für den Partner. Man hat beobachtet, wie ältere Störche, die nicht mehr so gut fliegen können, rührend von der Familie umsorgt werden. Jüngere Störche fliegen dann längsseits nebenher, so dass der alte Storch seine Flügel auf den anderen ein wenig ausruhen kann. Störche helfen einander, berühren sich zärtlich, ernähren und beschützen einander. Kein Wunder, dass die Menschen im Altertum deshalb das Wort „Storge", in Anlehnung an die Störche, als Inbegriff für die liebevolle Zuwendung in der Familie wählten, insbesondere für die Mutter-Kind-Liebe.

Die „Storge"-Liebe ist vor allem in der vorgeburtlichen Phase der Schwangerschaft sowie in den ersten Lebensjahren ein elementarer Baustein unseres Lebens. „Storge" erreicht den kleinen Menschen hauptsächlich auf drei Wegen:

1. Durch liebevolle Berührung
2. Durch Augenkontakt
3. Durch den Klang der Stimme

Durch diese Form der intensiven Zuwendung soll im Kleinkind ein Gefäß für Vertrauen gebaut werden. „Storge"-Liebe schafft in dem Kind das Bewusstsein: „Papa und Mama lieben mich so sehr; sie sind immer für mich da; ich bin für sie der wichtigste Mensch im ganzen Kosmos!" Dieses Ur-Vertrauen sollte als Fundament in unseren Familien gelegt werden.

In Psalm 22,10-11 lesen wir:

> *„Ja, du bist es, der mich aus dem Mutterleib gezogen hat, der mir Vertrauen einflößte an meiner Mutter Brüsten. Auf dich bin ich geworfen von Mutterschoß her, von meiner Mutter Leib an bist du mein Gott"* (Elberfelder).

Das Gestilltwerden an der Mutterbrust ist ein ganz wichtiger Faktor. Hier soll ein Container für Vertrauen entstehen. Wenn eine Frau ihren Säugling an die Brust legt, um ihn zu stillen, findet „Storge"-Liebe ganz plastisch statt: Sie schaut dem Kleinen in die Augen (Augenkontakt), liebkost die Händchen und Füßchen und streichelt das Baby (Berührung) und spricht zärtlich zu dem Kind oder singt ein Wiegenlied (Klang der Stimme). Wie das gestillte Kind vollkommen entspannt, gesättigt und geborgen, friedevoll in den Armen der Mutter schläft, so möchte uns die Liebe Gottes zur Ruhe führen.

Wir finden das Wort „Storge" in der Bibel leider nur in negativer Form, nämlich dass am Ende der Weltzeit diese Art von Liebe nicht mehr zu finden sein wird (Römer 1,31 / 2. Timotheus 3,3). Die Lieblosigkeit (der Mangel an Storge) wird vorherrschen. Das ist das Zerstörungswerk von Mr. Dunkel. Durch zerbrochene Ehen und Familien versucht er von Anfang an zu verhindern, dass in Kindern dies Gefäß des Vertrauens aufgebaut wird. So verwundert es nicht, dass die meisten Menschen heutzutage kaum fähig sind zu vertrauensvollen Beziehungen.

Und wird dann jemand Christ und will vertrauen, kann er es einfach nicht. Er greift jedes Mal innerlich ins Leere, wenn es ums Thema „Glauben" geht, weil ihm „Storge" Liebe fehlte.

Der Vater stillt unsere Herzen

Nur gut, dass unser Vater-Gott uns wie eine zärtliche Mutter aufhebt und liebt. Aller Mangel unseres Lebens soll bei ihm gestillt werden. Er nimmt die Laufmaschen unseres Lebens auf, begegnet jedem Mangel und erstattet mit Zinsen. Es ist nie zu spät, um zu ihm zu kommen. In seiner liebenden Gegenwart flößt er uns Vertrauen, wie Muttermilch, ein. Wenn wir in die Nähe Gottes kommen und uns längere Zeit von ihm füllen lassen, dann baut er dieses Gefäß von Vertrauen tief in uns.

Wie eine Mutter ... berührt er uns zärtlich

Er beschenkt uns mit fühlbarer, spürbarer Nähe. Jeder Mensch reagiert unterschiedlich auf die Gegenwart Gottes. Manch einer empfindet tiefen Frieden und Stille. Ein anderer kann geradezu körperlich die vibrierende Freude Gottes erspüren. Wieder ein anderer legt sich der Länge nach hin vor den Herrn und wartet auf ihn. Ein anderer hat das Gänsehautfeeling, wenn Gott kommt. Die Berührungen des Vaters fallen so unterschiedlich aus und dürfen niemals in ein Schema gepresst werden. Hauptsache ist, dass wir von ihm berührt werden. Und wenn wir nur den Saum seines Gewandes berühren würden, so wäre uns geholfen.

Wie eine Mutter ... schaut er uns mit Augen der Liebe an

Immer wieder fordert uns die Bibel auf, dass wir Gottes Angesicht (ihn selbst) suchen sollen, und nicht nur seine Hände (seine Segnungen). Aber diesmal geht es andersherum. Der Vater schaut uns an. Er betrachtet uns, wie Verliebte einander stundenlang anschauen und sich nicht satt genug sehen können. Als meine Kinder noch klein waren und ich abends erst spät von der Arbeit nach Hause kam, bin ich oft an ihre Bettchen gegangen und habe sie im Schlaf beobachtet. Wie lagen sie da so süß und ruhig vor mir. Dann habe ich sie liebevoll gestreichelt und ein Segensgebet gesprochen. Kannst Du Dir vorstellen, dass Dein Vater-Gott dasselbe auch bei Dir und mir macht? Er sitzt abends an unseren Betten und betrachtet uns ganz andächtig (endlich zappeln wir nicht mehr so viel herum). Voller Liebe und Zartheit streichelt er uns übers Haar, küsst unsere bösen Träume hinfort und segnet uns. So baut er an dem Gefäß in uns.

Wie eine Mutter ... spricht er sanfte Worte in unser Herz

Wenn Gott zu uns spricht, dann sind es immer zuerst Worte der Ermutigung, des Trostes und der Auferbauung. Viele Menschen fürchten aber, dass, wenn Gott zu ihnen spricht, er gleich mit Gerichtsworten und Korrekturen über sie herfällt. Natürlich weiß Gott, was wir alles falsch gemacht haben. Aber er kommt immer zuerst mit seiner Liebe. Er liebt uns und nimmt uns an, so wie wir sind. Nur, weil er uns viel zu sehr liebt, um uns so schmutzig und unvollkommen zu lassen, wie wir sind, wird seine Liebe uns mehr und mehr verändern. Aber das macht er sehr behutsam, wie eine Mutter ihr Baby stillt – nämlich nicht mit dem Reibeisen und dem Vorschlaghammer, sondern voller Güte und Erbarmen. *„Weißt du nicht, dass die Güte Gottes dich zur Umkehr leitet?"* (Römer 2,4) Wenn wir die Worte Gottes lesen oder hören, dann sollten wir auf das Ermutigende darin achten. Der Vater flüstert uns seine Liebesworte in Ohr und Herz. Dadurch will er Vertrauen in uns wecken. Ich habe im Laufe der Jahre die Entdeckung gemacht, dass Gott immer unendlich viel liebevoller und gütiger zu mir ist, als ich mir das in den kühnsten Träumen ausmalen könnte. Ich werde wohl eine Ewigkeit dazu brauchen, dieses Geheimnis seiner großen Vaterliebe, die auch so mütterlich zart sein kann, umfassender zu entdecken.

Und nun zu Dir

- *Welche Facetten von erlöstem bzw. zerbrochenem Femininen oder Maskulinen hast Du in Deinem Leben wiedergefunden?*
- *Wie sah die Storge-Liebe in Deiner Ursprungsfamilie aus?*
- *Versuche bewusst die drei Schritte der Storge-Liebe zusammen mit Deinem himmlischen Vater zu gehen!*

Kapitel 10

Der Segen des Vaters

Was bedeutet Segen?

An vielen Giebeln alter Bauernhäuser in Norddeutschland kann man den Spruch finden: „An Gottes Segen ist alles gelegen". Das Wort „Segen" erscheint altmodisch und passt irgendwie nicht mehr in unser Hightech-Zeitalter. Der säkulare Zeitgenosse will erfolgreich sein – aber nicht gesegnet! Dabei ist es genau das, wonach wir uns alle im Tiefsten sehnen, wenn wir es nur erkennen könnten. Im Bibellexikon[4] lesen wir folgende Definition:

> *„Unter Segnung (Gegensatz zu Fluch) versteht die Bibel die Zuwendung von göttlichem Heilsgut an Menschen, sei es durch Gott selbst oder durch in der Macht Gottes handelnde Menschen. Die Kraft der Segnung geht auf den Gesegneten über, erscheint fast wie selbständig wirkend, wird durch Ausspruch und Handauflegung vermittelt."*

Somit ist der Segen Gottes ein Geschenk des Himmels. **Es ist die Güte Gottes, passend zugeschnitten auf unsere menschlichen Bedürfnisse. Etwas Gutes, wie materielle Versorgung, körperliche Heilung oder Seelenfriede, das zu unserem Besten, nämlich unserem Heil, dienen soll.** Demnach kann auch Schweres und Leiden zum Segen werden, wenn es uns am Schluss Gott näher gebracht hat. Im Segen entfaltet sich die Kraft Gottes. Mit unsichtbarer Macht bringt Gott spürbar wohltuendes,

---

4 (Hrsg. F. Rienecker, Brockhaus-Verlag, Witten)

neues Leben in und um uns hervor. Seit Beginn der Schöpfung ist Gott ein Segnender (1. Mose 1,22+28). Er ist die Quelle allen Segens. *„Jede gute Gabe und jedes vollkommene Geschenk kommt von oben her ab, vom Vater der Lichter, bei dem keine Veränderung ist noch eines Wechsels Schatten"* (Jakobus 1,17). Er segnet uns unaufhörlich und überströmend. *„Gepriesen sei der Gott und Vater unseres Herrn Jesus Christus. Er hat uns gesegnet mit jeder geistlichen Segnung in der Himmelwelt in Christus …"* (Epheser 1,3-4).

Sowohl das griechische Wort für „segnen", „eulogeo", als auch das hebräische Pendant, „baruch", bedeuten übersetzt „Gutes aussprechen", und werden in beiden Richtungen benutzt. Gott spricht Gutes segnend über unserem Leben aus. Und wir segnen Gott, indem wir im Lobpreis Gutes über ihn aussprechen. So kommt ein Segenskreislauf zustande. Menschen, denen etwas Gutes im Namen Gottes widerfahren ist, preisen ihn wiederum dafür. Gottes Segen fließt herab und Lobpreis steigt empor. Das Ziel des Ganzen ist, dass Leben freigesetzt wird. Echter Segen und echter Lobpreis werden immer schöpferisch sein. Entweder entsteht gänzlich neues Leben oder Bestehendes wird mit neuer Energie erfüllt.

Der väterliche Segen

Im Judentum spielt der väterliche Segen eine immens wichtige Rolle. Das können wir in den Lebensberichten der Glaubensväter Abraham, Isaak und Jakob nachvollziehen. Im orthodoxen Judentum tritt der Vater an markanten Stellen des Lebenslaufes als Segnender auf, besonders nach der Geburt eines Kindes. Dann nimmt der Vater das Neugeborene und heißt dies Kind im Leben willkommen. **Segnen bedeutet, im Leben willkommen heißen!** Er segnet es ins Leben hinein. Von Anfang an soll klar sein: Dieses kleine Leben braucht den Schutz, die Versorgung, Führung und liebevolle Zuwendung des allerhöchsten Abbas.

In unserer Kultur haben wir es nicht so mit dem Segnen. Der Segen der Eltern erscheint da wie ein Relikt aus längst vergangener Zeit. Wir sagen zwar hier und da mehr im Scherz: „Dazu gebe ich dir meinen Segen!" – aber da die allgemeine Religiosität keinen persönlichen Gott erlaubt, geht es mehr um „positive Energien und übersinnliche Kräfte", nach denen man

Ausschau hält. Zum christlichen Erbe des Abendlandes gehört der priesterliche Segen in der Kirche. Wenn der Papst den Erdkreis segnet, ist das auch heute noch eine Meldung in den Fernsehnachrichten wert. Leider hat hier über die Jahrhunderte eine falsche Entwicklung stattgefunden und ein mehr magisches Verständnis von Segen machte sich breit. Was wird nicht alles „gesegnet"? Kanonen und homosexuelle Eheschließungen, Kneipen und Moscheen …?! Und doch verbergen sich dahinter der Wunsch, die gute Macht Gottes anzuzapfen, sowie die Ahnung, dass wir es allein nicht schaffen können.

Abbas Segen

Gottes Vaterherz schlägt voller Liebe für uns und fließt mit Segen über. Ja, Gott ist der Ursprung aller Segnungen. Ihm ist es Freude und Lust, seine Kinder zu beschenken. Den größten Segen hat er uns mit Jesus Christus geschenkt (Römer 8,32)! Jesus ist unser Segen vom Vater in Person! In ihm hat er uns alles gegeben; alle Segnungen des Himmels und der Erde.

Wenn wir das Leben Jesu betrachten, stellen wir fest, dass er selbst ein „Gesegneter des Vaters" ist. Schon als Maria zum ersten Mal über das Wunder, das in ihr geschehen würde, erfuhr, kam der Segen des Himmels herab.

„Gesegnet bist du unter allen Frauen und gesegnet ist die Frucht deines Leibes!" (Lukas 1,42) Und dann in der Heiligen Nacht und später bei der Darbringung im Tempel sind Maria und Josef von Menschen umgeben, die den neugeborenen Retter segnen wollen. Bevor Jesus öffentlich wirksam wird, lässt er sich im Jordan taufen. Wieder kommt Segen auf ihn herab, diesmal in Form einer Taube, – der Heilige Geist. Dazu hört er die Segensworte seines Vaters.

„Du bist mein geliebter Sohn, an dir habe ich Wohlgefallen gefunden" (Markus 1,11). Das sagt ihm der Vater, bevor Jesus irgendein Wunder gewirkt hat oder am Kreuz gestorben ist. Die Vaterliebe Gottes ist der vorauslaufende Segen. Der Vater liebt und segnet ohne Vorleistung.

Täglich suchte der Sohn die Gemeinschaft des Vaters, schon früh am Morgen oder spät in der Nacht. Jesus kannte das Geheimnis, sich vom Vater Kraft und Liebe zu holen. Er „krabbelte" jeden Tag auf den Schoß seines himmlischen Abbas. Er ließ es sich gefallen gesegnet zu werden. Sein ganzes Leben und Dienen war lediglich ein Ausfluss und Überfluss dieses Segens vom Vater. So konnte er die Armen und Kranken, die Alten und Kinder, die Ausgestoßenen und Sünder herzlich lieben und mit seinen Händen segnend berühren. Diese Hände, die – selbst noch durchbohrt – segnend auf die Menschen unterm Kreuz zeigen.

Unser himmlischer Vater heißt alle Menschen im Leben willkommen. Auch er segnet uns ins Leben hinein, selbst wenn kein irdischer Vater das jemals für uns getan hätte. Er hat nur gute Gedanken und Worte über uns. Auch zu uns sagt er diese Worte voller Herzenswärme: „Du bist mein geliebter Sohn! … Du bist meine geliebte Tochter! … Du bist meine ganze Freude!" – und überschüttet uns mit Gutem.

Wer diese Erfahrung persönlich gemacht hat, der entdeckt mit dem Psalmisten David, dass die ganze Erde, wohin er auch geht, voll der Güte Gottes ist (Psalm 33,5), und dass er an jedem einzelnen Tag seines Lebens von Gottes großer Liebe verfolgt und umzingelt ist (Psalm 23,6).

Du sollst ein Segen sein

Der Lebensstil des Dankens und Lobens über alles Gute, das vom Vater kommt, führt dazu, dass wir selbst ein Kanal der Liebesabsichten Gottes für seine Welt werden. Segensreiche Erfahrungen lassen uns nun selbst zu Segnenden werden. Die Beschenkten fangen an selbst weiterzuschenken. Wir, die Gesegneten des Vaters, werden zum Segen für andere.

Als Abraham zu den Sternen ans Himmelszelt hinaufsah und dazu die Worte des Vaters hörte, die ihm unendlichen Segen verhießen, aber auch, dass er selbst zum Segen für alle Völker der Erde werden würde, konnte er es sich wohl kaum in seinen kühnsten Träumen ausmalen, wie das in der Realität auszusehen hat. *„Du sollst ein Segen sein … und in dir sollen gesegnet sein alle Geschlechter der Erde …!"* (1. Mose 12,1-3) Wir sehen heute die Erfüllung dieses Wortes mit eigenen Augen: Kinder Abrahams, Menschen des Glaubens, überall auf der Welt. Genauso war es mit Jesus. Auch er hatte große Segensverheißungen: *„… wenn das Weizenkorn stirbt, bringt es viel Frucht!"* (Johannes 12,24) Heute sehen wir die Frucht seiner Leiden und die segensvollen Auswirkungen: Christen auf allen Kontinenten, in allen Sprachen und Rassen. Der Vater will uns segnen. Sein ganzes Herz ist darauf ausgerichtet. Aber wir werden einen noch größeren Gewinn erlangen, wenn wir uns mit in den Segenskreislauf einreihen. Lasst uns den Vater loben und segnen für seine Liebe, und lasst uns ein Segen für andere Menschen sein, indem wir weitergeben, womit wir so überreich beschenkt wurden.

Und nun zu Dir

- *Welche Bedeutung hat für Dich der Begriff „Segen"? Welche Erfahrungen hast Du damit gemacht?*
- *Wie waren die Startbedingungen deines Lebens? Wurdest Du im Leben willkommen geheißen?*
- *Wie kannst Du für Gott und auch für andere Menschen selbst ein Segen sein?*

Kapitel 11

Der Herzenskenner

Herz ist Trumpf

Ein weiterer Name für unseren himmlischen Vater lautet: „Der Herzenskenner" (Apostelgeschichte 1,24 / Apostelgeschichte 15,8). Das ist geradezu sein Gütesiegel. Der Vater kennt uns durch und durch, in- und auswendig. Er weiß um die verborgensten Empfindungen und Regungen unseres Herzens. Der Psalm 139 beschreibt dies, wenn es dort heißt:

> *„Herr, du hast mich erforscht und erkannt. Du kennst mein Sitzen und mein Aufstehen, du verstehst mein Trachten von fern. Mein Wandeln und mein Liegen – du prüfst es. Mit allen meinen Wegen bist du vertraut. Denn das Wort ist noch nicht auf meiner Zunge – siehe, Herr, du weißt es genau. Von hinten und von vorn hast du mich umschlossen, du hast deine Hand auf mich gelegt …"*

Das menschliche Herz ist nach dem biblischen Verständnis die Personenmitte. Hier fließen Fühlen, Wollen, Gewissen und Verstand zusammen. Ohne zu sehr ins Detail zu gehen …, nach dem Zeugnis der Schrift ist ein Teil der Gott-Ebenbildlichkeit des Menschen darin begründet, dass er, wie Gott (Vater – Sohn – Geist), in einer Drei-Einheit existiert: Leib – Seele – Geist. Der Leib ist unsere physische Körperlichkeit. Die Seele umfasst unsere Gefühls- und Gedankenwelt. Der menschliche Geist ist unser innerer Mensch, der für die geistliche Realität der Welt Gottes zugänglich ist, quasi die Antenne für die unsichtbare Wirklichkeit. Unser Herz ist die Schaltstelle zwischen Seele und Geist. Es ist das Zentrum unserer Identität, weil hier alle Entscheidungen unseres Lebens getroffen werden. Wer das Herz eines Menschen besitzt, der hat die Herrschaft über ihn.

Wer ein Bibelstudium zum Thema „Herz“ macht, wird einen reichen Fundus an Schriftstellen dazu finden können. Es handelt sich hierbei um ein Zentralthema im Alten wie im Neuen Testament. Hier nur eine kleine Auswahl:

- *Das Sinnen des menschlichen Herzens ist böse (1. Mose 8,21)*
- *Du sollst den Herrn lieben mit deinem ganzen Herzen (5. Mose 6,5)*
- *Ein Mann nach dem Herzen Gottes (1. Samuel 13,14)*
- *Gott sieht das Herz eines Menschen an (1. Samuel 16,7)*
- *Davids Herz war ungeteilt mit dem Herrn (1. Könige 15,3)*
- *Der Herr erforscht alle Herzen (1. Chronik 28,9)*
- *Erschaffe mir, Gott, ein reines Herz (Psalm 51,12)*
- *Gott heilt die zerbrochenen Herzen (Psalm 147,3)*
- *Ich werde mein Gesetz auf ihr Herz schreiben (Jeremia 31,33)*
- *Selig sind die reines Herzens sind (Matthäus 5,8)*
- *Wo dein Schatz ist, da wird auch dein Herz sein (Matthäus 6,21)*
- *Aus der Fülle des Herzens redet der Mund (Matthäus 12,34)*
- *Die gläubig geworden, waren ein Herz und eine Seele (Apostelgeschichte 4,32)*
- *Die Liebe Gottes ist ausgegossen in unsere Herzen (Römer 5,5)*
- *Denn mit dem Herzen wird geglaubt zur Gerechtigkeit (Römer 10,10)*
- *Das Unterpfand des Heiligen Geistes in unseren Herzen (2. Korinther 1,22)*
- *Gott, der unsere Herzen prüft (1. Thessalonicher 2,4)*
- *Verhärtet eure Herzen nicht (Hebräer 3,8)*
- *Das Herz wird durch Gnade gefestigt (Hebräer 13,9)*
- *Liebt einander aus reinem Herzen (1. Petrus 1,22)*

Herz ist Trumpf bei Gott. Er sucht unsere Herzen und kämpft um den ersten Platz darin, so wie es Liebende tun. Der Vater nimmt unsere verwundeten, schmutzigen, harten, schrecklich erwachsenen Herzen und badet sie im Meer seiner bedingungslosen Liebe, bis sie vollkommen geheilt, rein, erneuert und kindlich werden. Dabei recycelt er nicht das Alte, sondern kreiert ein völlig Neues. Das ist ein Schöpfungswunder, so wie damals, als er das All aus dem Nichts erschuf (im Hebräischen finden wir dasselbe Wort

„barah" in Psalm 51,12: „Erschaffe in mir Gott ein reines Herz", wie bei der Schöpfung der Welt in 1. Mose 1,1). Ein Herz, das ungeteilt bei ihm sein will. Ein Herz, das Gott liebt und vertraut. Ein Herz, das vollkommen eins ist mit Jesus, dem wahren Herzen Gottes. Das Herz eines Sohnes und einer Tochter.

Das Herz eines Kindes

Das neue Herz, das Gottes Geist in uns erschafft, ist das Herz eines Kindes. Der Weg zum Vater ist so schmal, darauf passen nur Kleine. Die Tür zum Vaterhaus Gottes ist so winzig, da passen nur Kinderherzen hindurch. Das sind „der schmale Weg und die enge Pforte", von denen Jesus in Matthäus 7,14 spricht. Mehrere Male hat uns der Meister die **Kinder als Modell und Prototypen des Reiches Gottes** vorgestellt. Das sind seine Worte: *Wir müssen von neuem geboren werden* (Johannes 3,3), … *werdet wie die Kinder* (Matthäus 18,3), … *wer ein Kind aufnimmt, der nimmt damit Jesus auf* (Markus 9,37), … *wir sollen das Reich Gottes annehmen wie ein Kind* (Lukas 18,17), … *Kindern gehört das Himmelreich* (Matthäus 19,14).

Was ist denn so besonders an Kindern? Warum werden gerade sie uns als Beispiel genannt? – Kinder sind total abhängig von ihren Eltern. Sie müssen täglich im Vertrauen leben. Sie können nicht für sich selbst sorgen, planen, machen und tun. Sie empfinden diese Bedürftigkeit nicht als Minderwertigkeit, sondern als etwas völlig Normales. Und schließlich ist es das ja auch! Ich habe noch nie ein kleines Kind gesehen, das vor Sorgen nicht einschlafen konnte, weil die Familie am nächsten Tag in den Urlaub fahren wollte. – „O, haben wir auch alles gepackt und nichts vergessen? Ist das Auto voll getankt? Haben wir die Pässe dabei???" – Stattdessen wird das Kind ganz relaxt schlafen, weil es weiß, es kann sowieso nichts machen; und Papa und Mama kümmern sich bestimmt wieder bestens um alles. Die einzige Frage, die das Kind am nächsten Tag im Auto stellen wird, sobald alle drin sitzen und es losgeht: „Papa, sind wir bald da? Ich muss mal …! Wo sind die Gummibärchen?!"

Kleine Kinder haben noch die Fähigkeit, mit ungeteilter Aufmerksamkeit bei einer Sache zu sein. Dann vergessen sie die ganze Welt um sich herum und leben total im Hier und Jetzt. Auch zeigen sie unumwunden ihre Gefühle; seien es Tränen, Zorn, Angst oder unbekümmertes Lachen. Sie verstellen sich normalerweise nicht. Ihre Liebe und Zuneigung ist so bezaubernd, dass selbst bärbeißige, alte Muffel-Opas zu hinreißend liebenswürdigen, albernen Spielpartnern mutieren. Kinder tragen diesen Hauch von Unschuld und unbändiger Freude, diese Leichtigkeit des Seins und diese entwaffnende Ehrlichkeit an sich, mit denen sie so verletzlich und doch so authentisch auf uns wirken. Für sie ist das ganze Leben ein Spielplatz aus bunten Farben, Überraschungseiern und neuen Abenteuern. Wenn ich längere Zeit Kinder beobachte, begreife ich mehr und mehr, warum es im Reich Gottes entscheidend darauf ankommt, so wie diese Kleinen zu werden. Sie sind schwach, unproduktiv, machen nur Arbeit …, und doch sind sie so unendlich kostbar in den liebenden Augen der Eltern. **Kinder erobern Herzen, schlicht und einfach, indem sie da sind! Und wir dürfen auch Gottes Vaterherz erobern!**

Meine Geschichte mit dem Herz-Kissen

Manchmal kommt es mir so vor, als ob es Gott einzig und allein darum ginge, uns in die himmlische Normalität zurückzuholen. Normal ist bei ihm: **Er ist der starke Papa, der alles kann. Und ich bin sein geliebtes Kind, das spielen gehen darf**. Kinder sind doch nicht für die Arbeit, das Kämpfen oder gar die Rettung der Welt geschaffen, wohl aber für die Liebe und um mit großen Augen das Leben zu entdecken.

Seit ich bewusst meine Reise ans Vaterherz Gottes begann, habe ich für tausende Menschen beten dürfen, dass auch sie die Liebe unseres himmlischen Vaters neu entdecken. Ich sah so viele Tränen, ich hörte so viele bewegende Lebensgeschichten, ich fühlte so viele Schmerzen und freute mich an so vielen Durchbrüchen. Der Vater holt seine Kinder nach Hause. Für mich persönlich ist die Botschaft von der Vaterliebe Gottes zu meiner Lebensberufung geworden. Und ich bin Gott sehr dankbar für all die geöffneten Türen der letzten Jahre. In Seminaren, auf Konferenzen, in Gottesdiensten und in persönlichen Gesprächen durfte ich so vielen Menschen vom Vater erzählen und seine Liebe über ihnen ausbeten. Eigentlich gibt es für mich nichts Schöneres auf der Welt als das zu tun. Nirgendwo sonst fühle ich mich so sehr im Zentrum seines Willens wie in solchen Segnungszeiten, wo seine Vaterliebe auf hungrige, erwartungsvolle, sehnsüchtige, manchmal verwundete oder manchmal verhärtete Herzen fließt und den Geist der Kindschaft neu erweckt und freisetzt, der ruft: „Abba, lieber Papa!"

Vor einigen Jahren passierte mir etwas Ungewöhnliches. Ich hatte zum Geburtstag von einer prophetisch begabten Frau unserer Gemeinde eine Schachtel mit Symbolen geschenkt bekommen. In unserem Gemeindeleben haben Symbole einen festen Platz, und wir erleben sie oftmals als eine große visuelle Hilfe, wenn es darum geht, geistliche Wahrheiten begreifbar zu machen. Bei Taufe und Abendmahl dürften wir uns alle da noch einig sein. In dieser Schachtel befinden sich Utensilien, wie etwa Tücher in unterschiedlichen Farben, eine Erntesichel, ein Brautschleier usw. ... na ja, und ein rotes, plüschiges Kissen in Form eines Herzens. Wie gesagt, eigentlich bin ich offen für solche Gegenstandspredigten. Aber beim Plüschherz hörte es dann doch irgendwie auf. Das fand ich für mich, als ausgewachsenen Mann, zu peinlich und zu kitschig. So lag das Herz in dieser Schachtel, ohne größere Beachtung meinerseits. Aber dann passierte Folgendes. Etwa ein Jahr nachdem mir Gottes Vaterliebe in meiner Lebenskrise begegnet war, hörte ich in meinem Innersten diese kleine, sanfte Stimme, die ich durch die Jahre immer besser kennen lernte. Ich empfand, dass der Vater zu mir sprach, ich solle das Plüschherz hervorholen und es nehmen. Wenn ich nun für Menschen segnend bete, solle ich es auf das physische Herz der Leute legen. Ich würde dann ein Wunder erleben. Nun, ich war mir nicht ganz sicher, ob ich ihn da richtig verstanden hatte. Aber ich kenne den Vater so weit schon, dass er (zumindest in meinem Leben) gern ab und zu „verrückte" Sachen macht.

Bei einer passenden Gelegenheit probierte ich es dann einfach aus. Die Verwunderung bei meinem Gegenüber hielt sich in Grenzen. Ich habe den Verdacht, dass die ganze Gebetsaktion ihm sowieso fremdartig erschien und da kam es auf das Plüschherz auch nicht mehr drauf an. Als ich vor der betreffenden Person stand, das Stoffding sanft auf die Brust meines Gegenübers legte und betete: „Liebe des Vaters, komm!" – da geschah das Wunder. Es war so, als ob sich mein Herz mit dem Herzen der anderen Person verband und ich mitempfinden konnte, was dort tief drinnen an Schmerz, Verwirrung und Not war. Im selben Augenblick empfand ich aber auch, wie sich

Gottes liebendes Vaterherz mit meinem Herzen verband. Es kam mir vor wie eine göttliche Vernetzung: Hier das Herz des anderen, dort Gottes Vaterherz und dazwischen geschaltet mein eigenes. Gottes Liebe für diesen Menschen floss überwältigend durch mein Herz, wie durch einen Kanal. Ich durfte ein Stück davon mitempfinden und fühlen, wie Gott diese Person ansieht und liebt. Dieses Erlebnis war grenzüberschreitend und atemberaubend für mich. Was ich dann betete und prophetisch weitersagte, erschien mir unspektakulär, gemessen an meinem eigenen Innenerleben. Umso mehr überraschte mich die Reaktion meines Gegenübers auf meine Worte. Die Person war tief getroffen und angerührt. Immer wieder fragte er mich, woher ich denn das alles wüsste. Ich hätte in ihm gelesen wie in einem offenen Buch. Durch das Gebet hätte ihn so viel Liebe und Hoffnung erreicht. Nach wenigen Minuten sah ich eine veränderte Person vor mir stehen, berührt von der Liebe Abba-Vaters.

So etwas kann nur der Vater tun. Er ist unser Herzenskenner. Diese himmlische Herzensverbindung (meistens mit dem Herz-Kissen) habe ich nun mittlerweile mehrere hunderte von Male miterleben dürfen. Und ich bin immer wieder neu tief bewegt, wie persönlich, individuell und präzise der Vater jeden einzelnen Menschen kennt und ihm begegnet. Ja, er sieht unsere Herzen. Und er versteht uns, auch wenn wir uns selbst nicht verstehen. Abba hat immer Lösungen und Auswege. Er bringt Frieden in jedes Chaos. Wenn nur der Vater da ist, wird alles gut werden!

Ich musste das Kissen öfters waschen, weil Tränen und „Anderweitiges" ihre unübersehbaren Spuren hinterlassen. (Irgendwann brauchte ich sogar ein neues – und auch das wird sicherlich nicht das letzte bleiben!) Es erfüllt mich immer noch mit Staunen, was da jedes Mal passiert. Ich sehe den Herzenskenner in Aktion. Und ich fange an, Menschen mit seinen Augen zu sehen.

Einmal betete ich für eine Frau in den mittleren Jahren. Sie klammerte sich fest ans Plüschherz. Ich sagte in etwa zu ihr: „Der Herr zeigt mir dein Leben. Ich sehe dich als kleines Mädchen auf dem Rücken eines Pferdes stehen und tanzen. Da ist solch eine Leichtigkeit und Lebensfreude. Genau so will dein himmlischer Vater das Schwere, was zurzeit dein Leben prägt, in Leichtes verwandeln." Später erfuhr ich, dass diese Frau als junges Mädchen voltigiert hat und in Wirklichkeit auf Pferderücken stand. Für sie war das immer der Inbegriff für Freiheit und Leben. Als ich im Namen des Vaters diese schlichten Worte über ihr und ihrer momentanen schweren Lebenssituation aussprach, brach neue Hoffnung in ihr durch. Wie mir ihr Pastor Wochen später bezeugte, hat seitdem eine ganz neue Leichtigkeit im Geist von dieser Frau Besitz ergriffen. Halleluja!

Ist es nicht fantastisch, wie gut uns unser Vater kennt? Ich bin begeistert, wie er Stichworte, Details und Geheimnisse, die kein anderer wissen kann, gebraucht, um Menschen darauf aufmerksam zu machen: „Du, ich kenne dich. Und ich liebe dich mehr, als du es dir vorstellen kannst. Da schicke ich jemand Einfältiges mit einem roten Herz-Kissen vorbei, und der braucht nur Briefträger zu spielen, frei nach dem Motto: Sie haben Post. Er sagt dir etwas aus deinem und aus meinem Herzen. Und schon geht es dir besser und du hast neuen Glauben, dass ich dich nicht vergessen habe, dass ich es mit dir schaffen kann!"

Und nun zu Dir

- *Welche Reaktionen löst der Gedanke bei Dir aus, dass Gott-Vater Dein Innerstes durch und durch kennt?*
- *Wo fällt es Dir leicht, wie ein Kind zu werden, und wo hast Du dabei Deine Schwierigkeiten?*
- *Kannst Du Dich an ein Ereignis erinnern, wo Du überrascht warst, wie gut Gott Dein Herz kennt?*

Kapitel 12

Du bist Papas Glücksgedanke

Weißt Du, dass Gott in Wirklichkeit Dein Vater ist? Du bist ein Gedanke Gottes. Du bist Papas Glücksgedanke. Aus der Ewigkeit, in seinem Geist zuerst empfangen. Du stammst aus Gott. Und Gott ist Dein Vater, der Dich liebt. *Jeremia 1,5: Ehe ich dich im Mutterschoß bildete, habe ich dich erkannt, und ehe du aus dem Mutterleib hervorkamst, habe ich dich geheiligt.*[5]

Der Vater-Gott hat Dich erschaffen, erfunden, kreiert und designt. Du bist handgemacht. Ein Original. Es gibt keinen Menschen auf der Welt, der Dir gleicht. Und doch entstammst Du seinem Ebenbild. Du bist ganz der Papa. *1. Mose 1,27-28: Und Gott schuf den Menschen nach seinem Bild, nach dem Bild Gottes schuf er ihn, als Mann und Frau schuf er sie. Und Gott segnete sie.*

Du bist gut gemacht. Du bist schön. Du bist okay. Du bist herrlich gemacht. Du bist kein Fehler, kein Zufall, keine Laune der Natur – und schon gar kein Unfall. Gott, Dein Vater, wollte Dich. Er wollte, dass Du lebst, jetzt und hier. Und er ist so stolz auf Dich. *Psalm 139,13-16: Denn du bildetest meine Nieren. Du wobst mich in meiner Mutter Leib. Ich preise dich dafür, dass ich auf eine erstaunliche, ausgezeichnete Weise gemacht bin. Wunderbar sind deine Werke, und meine Seele erkennt es sehr wohl. Nicht verborgen war mein Gebein vor dir, als ich gemacht wurde im Verborgenen, gewoben in den Tiefen der Erde. Mein Embryo sah deine Augen. Und in dein Buch waren sie alle eingeschrieben, die Tage, die gebildet wurden, als noch keiner von ihnen da war.*

---

5 Folgende Bibelübersetzungen wurden benutzt: In der Regel die Revidierte Elberfelder, 1992.

Ja, der Vater war von Anfang an dabei. Er sah Dich bei Deiner Zeugung. Er beschützte Dich als Ungeborenes im Mutterleib und er war sogar zugegen bei Deiner Geburt. So hieß er Dich im Leben willkommen, als Dein wirklicher Vater. *Johannes 14,19b: Ich lebe und auch ihr sollt leben.*

Der Vater hält für Dich überfließendes, sprudelndes Leben bereit ... mehr als Du Dir erträumen könntest. *Johannes 10,10: Ich bin gekommen, damit sie Leben haben und es im Überfluss haben.*

Der Vater liebt Dich mit ewiger Liebe. Es gab keinen Augenblick in deinem Leben ohne seine Liebe. Und das wird auch immer so bleiben. *Jeremia 31,3: Ja, mit ewiger Liebe habe ich dich geliebt, darum habe ich dir meine Güte bewahrt.*

Der Vater liebt Dich so sehr! Mehr als sein eigenes Leben! Mehr als sein eigenes Herz – Jesus, seinen Sohn. Er gab Jesus an Deiner Stelle in den Tod, damit Du ewig leben kannst in seiner großen Liebe. *Johannes 3,16: Denn so sehr hat Gott die Welt geliebt, dass er seinen eingeborenen – einzigartigen – Sohn gab, damit jeder, der an ihn glaubt, nicht verloren geht, sondern ewiges Leben hat.*

Dein himmlischer Vater liebt Dich von ganzem Herzen und will Dir diese Liebe so ausdrücken, dass Du sie sogar fühlen kannst. *Johannes 16,27: Der Vater selbst hat euch lieb, weil ihr mich geliebt und geglaubt habt, dass ich vom Vater ausgegangen bin.*

Nichts kann Dich aus seiner Liebe reißen. Absolut nichts. Er wird Dich immer und unter allen Umständen lieben. *Römer 8,38-39: Denn ich bin gewiss, dass weder Tod noch Leben, weder Engel noch Gewalten, weder Gegenwärtiges, noch Zukünftiges, noch Mächte, weder Höhe, noch Tiefe, noch irgendein anderes Geschöpf uns wird scheiden können von der Liebe Gottes, die in Christus Jesus ist, unserem Herrn.*

Der Vater liebt Dich genauso, wie er seinen Sohn Jesus liebt. Da gibt es gar keinen Unterschied. *Johannes 17,23: … damit die Welt erkenne, dass du mich gesandt hast und sie geliebt hast, wie du mich geliebt hast.*

Selbst wenn Du gesündigt hast, liebt Dich der Vater immer noch. Er verwirft Dich nicht, sondern hebt Dich auf und setzt Dich wieder ein zu seiner Rechten. *Epheser 2,4-6: Gott aber, der reich ist an Barmherzigkeit, hat um seiner vielen Liebe willen, womit er uns geliebt hat, auch uns, die wir in den Vergehungen tot waren, mit dem Christus lebendig gemacht – durch Gnade seid ihr errettet. Er hat uns mit auferweckt und mit sitzen lassen in der Himmelswelt in Christus Jesus …*

Der Vater will Dich mit seiner grenzenlosen Liebe überschütten. *Epheser 3,19: Ich bete, dass du erkennen magst die die Erkenntnis übersteigende Liebe des Christus, damit du erfüllt werdest zur ganzen Fülle Gottes.*

Selbst wenn Du verwundet und zerbrochen bist, sieht Dich der Vater voller Wohlwollen und freut sich an Dir. *Psalm 149,4: Denn der Herr hat Wohlgefallen an seinem Volk. Er schmückt die Zerbrochenen mit Heil.*

Die Gedanken des Vaters über Dich sind immer nur gut und voller Hoffnung. *Jeremia 29,11: Denn ich kenne ja die Gedanken, die ich über euch denke, spricht der Herr, Gedanken des Friedens und nicht zum Unheil, um euch Zukunft und Hoffnung zu gewähren.*

Du bist wunderschön, schön anzusehen, und die Augen des Vaters ruhen auf Dir. *Hohelied 1,15+16: Siehe, du bist schön, mein Liebling, siehe du bist schön und hold.*

Wenn auch Du den Vater liebst, erfüllt es ihn mit größter Freude. *Hohelied 4,10: Wie schön ist deine Liebe, meine Schwester, meine Braut. Sie ist köstlicher als Wein.*

Dein Vater ist so erfüllt mit Dankbarkeit, dass Du – gerade Du – sein Kind bist. Er wird Dich nie im Stich lassen. Vielmehr will er Dir stets geben, was Du benötigst … *Lukas 15,31: Kind, du bist allezeit bei mir, und alles, was mein ist, ist dein.*

Dein himmlischer Vater ist total gern mit Dir zusammen. So gern, dass er bei Dir einzieht. Er macht aus Deiner Wohnung ein Vaterhaus seiner Liebe. *Johannes 14,23: Wenn jemand mich liebt, so wird er mein Wort halten, und mein Vater wird ihn lieben, und wir werden zu ihm kommen und Wohnung bei ihm machen.*

Du bist nie mehr allein, denn der Vater ist immer bei Dir. Er hält Dich fest und umgibt Dich mit seinem Schutz. *Johannes 16,32b: Ich bin nie allein, denn der Vater ist bei mir. Jesaja 41,10: Fürchte dich nicht, denn ich bin mit dir. Habe keine Angst, denn ich bin dein Gott. Ich stärke dich, ja, ich helfe dir, ja, ich halte dich mit der Rechten meiner Gerechtigkeit.*

Menschen können Dich verlassen. Selbst Dein Vater und Deine Mutter können Dich zurückstoßen, aber niemals Dein himmlischer Vater. Er ist hier, um allen Mangel auszufüllen. Er vergisst Dich nie. *Jesaja 49,15: Vergisst etwa eine Frau ihren Säugling, dass sie sich nicht erbarmt über den Sohn ihres Leibes? Sollten selbst diese vergessen, ich werde dich niemals vergessen.*

Egal, welche Schmerzen Du in Deiner irdischen Familie erleiden musstest, Abba-Vater ist hier. Er nimmt Dich auf. Er ist Dein wirklicher Vater. Er ist Deine wirkliche Mutter. Du gehörst zu ihm. *Psalm 27,10: Sogar mein Vater und meine Mutter haben mich verlassen, aber der Herr nimmt mich auf.*

Dein Vater ist größer als alles. Größer als alle Probleme, Sorgen, Nöte und Herausforderungen Deines Lebens. ER ist größer als Menschen – ja, sogar größer als der Teufel, der Feind. *Johannes 10,29-30: Mein Vater ist größer als alles, und niemand kann meine Schafe aus der Hand meines Vaters rauben. Ich und der Vater sind eins.*

Beim Vater kannst Du völlig geborgen sein, auch wenn um Dich herum alles tobt und wütet. Er passt auf Dich auf. Dich wird es nicht treffen! *Psalm 91,1-4+7: Wer im Schutz des Höchsten wohnt, bleibt im Schatten des Allmächtigen. Ich sage zum Herrn: Meine Zuflucht und meine Burg. Mein Gott, ich vertraue auf ihn. Denn er errettet dich von der Schlinge des Vogelstellers, von der verderblichen Pest. Mit seinen Schwingen deckt er dich und du findest Zuflucht unter seinen Flügeln ... Tausend fallen an deiner Seite, zehntausend zu deiner Rechten, aber dich erreicht es nicht!*

Dein Vater bietet Dir den ganzen Schutz des Himmels. Du bist von guten Mächten wunderbar geborgen. *Psalm 91,11-12: Er bietet seine Engel für dich auf, dich zu bewahren auf allen deinen Wegen. Auf Händen tragen sie dich, damit du deinen Fuß nicht an einen Stein stößt.*

Ja, Dein himmlischer Vater ist stark und mächtig. Es gibt nichts, womit er nicht fertig werden könnte. Er kann einfach alles. *Matthäus 19,26: Bei Gott aber sind alle Dinge möglich.*

Du kannst dem Vater voll vertrauen. Er sorgt gut für Dich. Darum mach Dir keine Sorgen um den Morgen. Der Vater weiß doch ... *Matthäus 6,25+32-33: Seid nicht besorgt für euer Leben, was ihr essen und was ihr trinken sollt, noch für euren Leib, was ihr anziehen sollt. Euer himmlischer Vater weiß, dass ihr dies alles benötigt. Trachtet zuerst nach dem Reich Gottes und nach seiner Gerechtigkeit, und dies alles wird euch zufallen.*

Der Vater weiß sogar besser als Du, was Du brauchst und was gut für Dich ist. Er wird Dir nur Gutes geben. Du darfst ihn vertrauensvoll darum bitten. *Matthäus 7,11: Wenn nun ihr, die ihr böse seid, euren Kindern gute Gaben zu geben wisst, wie viel mehr wird euer Vater, der in den Himmeln ist, Gutes geben denen, die ihn bitten.*

Du brauchst materielle Versorgung? Bitte ihn und er wird Dir geben. Du brauchst Heilung für Deinen Leib, Deine Seele? Rufe ihn an und er wird handeln. Du brauchst ein Wunder in auswegloser Situation? Setze Dein Vertrauen auf den Vater. Er wird kommen

und Dich retten. *Psalm 103,2-5+13: Lobe den Herrn, meine Seele, und vergiss nicht, was er dir Gutes getan hat. Der dir alle deine Sünden vergibt und heilt alle deine Krankheiten. Der dein Leben erlöst vom Verderben und dich krönt mit Gnade und Barmherzigkeit. Der mit Gutem sättigt dein Leben. Deine Jugend erneuert sich wie bei einem Adler. Wie sich ein Vater über Kinder erbarmt, so erbarmt sich der Herr über alle, die ihn fürchten.*

Vor allem schenkt Dir der Vater seine Vergebung. Er wäscht Deinen Schmutz weg mit seinem eigenen Herzblut, dem Blut Jesu. Da ist keine Sünde zu groß ..., Papa vergibt Dir so gern, wenn Du zu ihm kommst. *1. Johannes 1,9: Wenn wir unsere Sünden bekennen, ist er treu und gerecht, dass er uns die Sünden vergibt und uns reinigt von jeder Ungerechtigkeit.*

Ja, noch mehr macht der Vater für Dich. Er nimmt die Sünde, wirft sie ins äußerste Meer und denkt nie mehr daran. Es ist, als ob sie nie da gewesen wäre! *Jeremia 31,34: Denn ich werde ihre Schuld vergeben und an ihre Sünde nicht mehr denken.*

Doch das größte Wunder vollbringt der Vater in Dir, in Deinem Herzen. Er schenkt Dir ein neues Herz, einen neuen beständigen Geist ... ein neues, ewiges Leben und eine neue Chance, einen Neuanfang. *Jesaja 36,25-27: Und ich werde reines Wasser auf euch sprengen und ihr werdet rein sein, von all euren Unreinheiten und von all euren Götzen werde ich euch reinigen. Und ich werde euch ein neues Herz geben und einen neuen Geist in euer Inneres geben, und ich werde das steinerne Herz aus eurem Fleisch wegnehmen und euch ein fleischernes Herz geben. Und ich werde meinen Geist in euer Inneres geben, und ich werde machen, dass ihr in meinen Ordnungen lebt und meine Rechtsbestimmungen bewahrt und tut.*

Vater kommt und macht Wohnung in Dir. Sein Herz – Jesus Christus – lebt nun in Dir. „Christus in dir" durch den „Geist der Kindschaft". *Galater 2,20: Nun lebe nicht mehr ich, sondern Christus lebt in mir – was ich aber jetzt im Fleisch lebe, lebe ich im Glauben, und zwar im Glauben an den Sohn Gottes, der mich geliebt und sich selbst für mich hingegeben hat.*

Näher konnte Dir der Vater nicht kommen. Sein Geist wohnt in Deinem Geist. So hast Du immer und überall freien Zugang zu Deinem himmlischen Vater, zum Thron seiner Gnade. *Römer 8,15-16: Ihr habt empfangen den Geist der Sohnschaft, in dem wir rufen: Abba, lieber Vater. Der Geist Gottes bezeugt zusammen mit unserem Geist, dass wir Kinder Gottes sind.*

Ja, Du bist ein geliebter Sohn Gottes. Du bist eine geliebte Tochter Gottes. Der einzigartige Sohn – Jesus Christus – hat uns mit dem Vater versöhnt und uns zu Kindern Gottes gemacht. Eine steilere Karriere konntest Du nicht machen ... *1. Johannes 3,1: Seht, welch eine Liebe uns der Vater gegeben hat, dass wir Gottes Kinder heißen sollen. Und wir sind es.*

Nun sieht der Abba-Vater Dich an mit Augen voller Liebe. Er ist so stolz auf Dich. Er freut sich über Dich. Er freut sich an Deiner Liebe. Denn er ist mehr an Deiner Liebe als an Deiner Leistung interessiert. *Markus 1,11: Eine Stimme kam aus den Himmeln: Du bist mein geliebter Sohn, an dir habe ich Wohlgefallen gefunden.*

Hörst Du, der Vater ist für Dich. Er wird immer für Dich Partei ergreifen. Niemals wird sein Herz gegen Dich sein. *Römer 8,31: Wenn Gott für uns ist, wer kann gegen uns sein?*

Der Vater schämt sich Deiner nicht. Er ist dankbar und stolz. Er sieht Jesus in Dir und das, was Jesus alles schon neu in Dir gemacht hat. *Hebräer 2,11: Denn sowohl der, welcher heiligt, als auch die, die geheiligt werden, sind alle von einem (nämlich vom Vater): aus diesem Grund schämt Jesus sich nicht, uns Brüder zu nennen.*

Selbst in schweren, turbulenten Zeiten trägt Dich seine Liebe durch. Des Vaters Arme sind stark genug. Du wirst darin Gnade, Trost und Erbarmen finden. *Hebräer 4,16: Lasst uns nun mit Freimütigkeit hinzutreten zum Thron der Gnade, damit wir Barmherzigkeit empfangen und Gnade finden zur rechtzeitigen Hilfe.*

Des Vaters vollkommene Liebe wirft alle Ängste und Furcht hinaus aus deinem Leben. *1. Johannes 4,18: Furcht ist nicht in der Liebe, sondern die vollkommene Liebe treibt die Furcht aus.*

So darfst Du vertrauensvoll zu ihm kommen. Er ist Dein Vater. Birg Dich in ihm. Lege Deinen Kopf an seine Brust, lege Deine müde, wunde, aufgescheuchte Seele in seinen Schoß. *Johannes 1,18: Niemand hat Gott den Vater jemals gesehen, nur der eingeborene Sohn, Jesus Christus, der in dem Vaterschoß ist, der hat uns den Vater kundgemacht.*

Nein, das ist nicht zu „menschlich" von Gott gedacht. Alle anderen Gottesbilder sind unmenschlich. Gott ist Dein Vater und er will Dir ganz nahe sein. Er will Dich mit seiner Liebe zärtlich bedecken. *Jesaja 43,4-5: Weil du teuer bist in meinen Augen und wertvoll bist und ich dich lieb habe, so gebe ich alles für dich. Fürchte dich nicht, denn ich bin mit dir.*

Komm näher, Du darfst wirklich wie ein kleines Kind auf den Schoß Deines Papas krabbeln. Er schaut Dich liebevoll an, flüstert Dir sanft ins Ohr und streichelt über Deinen Kopf und Dein müdes Herz. Ja, er küsst Deine Tränen hinweg. *Lukas 15,20: Als aber der verlorene Sohn noch fern war, sah ihn sein Vater und wurde innerlich bewegt und lief hin und fiel ihm um den Hals und bedeckte ihn mit Küssen.*

So nahe will Dir Abba-Vater kommen. Lass es zu. Sträube Dich nicht. Empfange seine Vaterliebe – sein Vaterherz, das in Jesus Christus schlägt. Die offenen Arme des Vaters am Ende der Straße, die auf Dich warten, das sind die offenen Arme Jesu Christi am Kreuz. Lauf ihm entgegen, und er wird Dich auffangen und durch die Luft wirbeln – wie es Väter mit ihren Kindern tun. Du darfst „Papa" – mein lieber Vater – zu ihm sagen. *Galater 4,6-7: Weil ihr aber Söhne seid, sandte Gott Vater den Geist Seines Sohnes in unsere Herzen, der da ruft: Abba, mein lieber Vater. Also bist du nicht mehr Sklave, sondern Sohn, wenn aber Sohn, so auch Erbe durch Gott.*

Jetzt bist Du zu Hause angekommen ...bei Gott dem Vater, Deinem Vater. Und er wird Dich niemals mehr fortschicken. Du darfst für immer bei ihm bleiben. *Johannes 6,37: Alles, was mir der Vater gibt, wird zu mir kommen, und wer zu mir kommt, den werde ich nicht hinaus stoßen.*

Ob Du es glaubst oder nicht ... jetzt bist Du am Ziel Deiner Träume angelangt – in den Armen deines liebenden Vaters. Du bist am Ziel und zugleich am Anfang. Am Anfang einer herrlichen Entdeckungsreise, einer Reise, die Dich immer näher und tiefer zum Vaterherzen führen wird. Du wirst mehr und mehr lernen, diese Welt mit den Augen des Vaters zu entdecken. *Johannes 6,57: Jesus sagt: Ich lebe für den Vater.*

Das ist die niemals endende Liebesgeschichte vom Vater und seinen Kindern, vom Bräutigam und seiner Braut ... von Gott und Dir ... und wenn Dein Leben eines Tages hier auf Erden zu Ende sein wird, dann gehst Du nur einfach mit ihm weiter. Der Vater führt Dich an der Hand ... nach Hause. Ihr habt ja noch eine ganze Ewigkeit vor euch ... *Johannes 14,1-2: Euer Herz werde nicht bestürzt. Ihr glaubt an Gott, glaubt auch an mich. In meines Vaters Hause sind viele Wohnungen.*

Kapitel 13

Heilende Worte aus dem Vaterherzen Gottes

In diesem Kapitel findest Du Worte, wie sie Dein himmlischer Vater über Dich empfindet. Dabei habe ich versucht, dem Herzen Gottes eine Stimme zu verleihen. Diese Worte stehen auf der Basis biblischer Wahrheit, wie Du sie im vorherigen Kapitel lesen und darüber nachsinnen konntest. Das ist nicht zu schön, um wahr zu sein, sondern das ist die reine Wahrheit. Ja, sogar noch viel liebevoller sind die Gedanken und Gefühle Gottes über Dich. Lies diese heilsamen Worte (ruhig mehrmals und laut). Lass sie wie Medizin auf Dich wirken. Du wirst sehen, das bringt Heilung für Deinen ganzen Menschen. So lade ich Dich ein, auf eine Reise durch Dein bisheriges Leben. Immer war der Vater schon da. *„Denn Jesus Christus ist derselbe gestern, heute und in Ewigkeit“* (Hebräer 13,8). Gottes Vaterherz umspannt Deine ganze Existenz, von der Empfängnis bis zum heutigen Tag. Und seine liebenden Hände werden Dich bis in Ewigkeit halten. Nach jedem Abschnitt gibt es einige praktische Schritte und Übungen, die Dir helfen sollen, das Gehörte auf Dein Leben anzuwenden. Ich segne nun jeden Leser mit wunderbaren Erfahrungen der heilenden Nähe unseres Vaters.

EMPFÄNGNIS

Abba-Vater spricht zu Dir:

„Du bist mein geliebtes Kind. Du bist ein Gedanke aus meinem liebenden Vaterherzen. Noch ehe die Welt geschaffen war, habe ICH dich bereits in meinem Herzen getragen. Vor unvorstellbar langer Zeit habe ICH, dein himmlischer Vater, dich in meinem Geist empfangen. Du bist nicht zufällig hier. Du bist nicht das Ergebnis einer leidenschaftlichen Nacht deiner Eltern oder die Frucht einer hemmungslosen Begierde. Du bist kein Unfall. Du bist kein Fehler. Es ist gut, dass du hier bist! Denn du bist einer meiner Glücksgedanken. Du bist mein Wunschkind – egal, ob deine irdischen Eltern sich auf dich freuten; ob dein Kommen sie überraschte; vielleicht sogar in Angst, Wut, Verzweiflung und Hilflosigkeit stürzte; oder ob man dich sogar töten / abtreiben / ungeschehen machen wollte. Aber ICH, dein himmlischer Vater, ICH wollte dich … deshalb bist du hier. ICH habe den ganzen Himmel zusammengeholt und mich entschieden, ein Wunder Wirklichkeit werden zu lassen – nämlich dich, mein geliebtes Kind. Tausende und Abertausende Jahre habe ICH dich tief drinnen in meinem Geist getragen, bewahrt und aufgehoben für die Zeit, in der du hervorkommen würdest. Die Spuren deiner Existenz reichen weit über Zeit und Raum hinaus. Sie entspringen in mir, in meinem Geist, in meinem Vaterherzen. ICH habe mein JA zu dir gesprochen und nichts und niemand konnte das verhindern. Was immer ICH will, was immer ICH mir vornehme, was immer ICH spreche …, das muss geschehen. In mir sind der Wille und die Kraft. In mir entspringt die Quelle allen Lebens – so auch deines. In mir ist Anfang ohne Ende. ICH, der Ewige, der Allmächtige, Herrscher des Himmels und der Erde, ICH höchstpersönlich bin dein Vater, der dich von Ewigkeit her geliebt hat und liebt. In absolut vollkommener, reiner, göttlicher Liebe bist du empfangen worden. ICH habe dich je und je geliebt – von Ewigkeit zu Ewigkeit, grenzenlos. So bist du vollkommen in mir, deinem vollkommenen himmlischen Vater. ICH lebe und du sollst auch leben."

Und nun Du selbst

1. *Danke Gott, Deinem Vater, persönlich dafür, dass er Dein Ursprung ist und Du in ihm empfangen wurdest.*
2. *Er hat sein „JA"-Wort zu Dir gesagt, sage neu Dein „JA" zum Leben. Entscheide Dich: „Ich will leben!" Widerrufe Flüche, Todeswünsche, Fluchtgedanken. Sage Dich gegebenenfalls los vom Geist des Todes.*

3. Wie auch immer die Umstände waren, in denen Du zur Welt gekommen bist, erkenne jetzt, dass Du von Anfang an in das Licht der vollkommenen Liebe des Vaters getaucht warst. Du entstammst aus vollkommener, purer, reiner Liebe. Umarme diese Wahrheit neu.

ZEUGUNG

Abba-Vater spricht zu Dir:

„Mein geliebtes Kind, gelobt der Tag, an dem du in Existenz kamst. Gelobt der Tag deiner Zeugung. Es war mein Wille, der dich ins Leben rief. Äonen, Ewigkeiten hatte mein Vaterherz sich danach gesehnt, voller Vorfreude, Erwartung und Zärtlichkeit. ICH konnte es kaum mehr ertragen, ohne dich zu sein. Du hast mir so gefehlt. Ja, du hast mir zu meiner vollkommenen Freude gefehlt. An dem Tag deiner Zeugung ging mein Wunsch in Erfüllung. Endlich würdest du kommen. Endlich würdest du da sein! Du – nach dem sich mein Herz so gesehnt hat. Glaube mir, es war ein Wunder. Du bist durch ein Wunder gezeugt. Wunderbares Leben entstand. Jenseits von Zeit und Raum hielt ICH, der Schöpfer aller Dinge, dieses eine winzig kleine Samenfädchen – eines unter Abermillionen – in meiner rechten Hand. Und in meiner linken Hand hielt ICH die Eizelle – eine unter Abertausenden. Und so geschah das Wunder. ICH, der Vater aller Dinge, fügte beides zusammen zu einer Einheit und versiegelte es mit dem Kuss des Heiligen Geistes. ICH formte dein Leben. ICH kreierte dein Sein. Ich designte die Formen, die Farben, die Physiognomie deiner kommenden Gestalt. So wie ICH es mir von Ewigkeit her erträumt hatte. So wie ICH es wollte, wie es mir gefällt, woran ICH meine Freude haben würde. Mein Wunsch war es, dass dieser Schöpfungsakt in einer Atmosphäre von reiner Liebe zwischen zwei Menschen stattfindet. Aber durch Verzerrung und Zerstörung der Sünde kommt es leider nicht immer dazu. Ja, manchmal scheint nur das Böse im Vordergrund zu stehen. Bitte glaube nicht den Umständen … selbst wenn du unter Schmutz, Alkohol, Gewalt, Drogen, Ehebruch oder anderen dämonischen Einflüssen gezeugt worden wärest … so war ICH es doch, der dieses Wunder deines Lebens wollte und hervor brachte. Du warst umgeben von perfekter Liebe in diesem Augenblick – egal, wie es von außen ausgesehen haben mag. Aber ICH, der ewige Vater, war dir so nahe und umhüllte dich und dein Leben vollkommen. ICH ließ es nicht zu, dass auch nur eine Spur von Finsternis den Jubel über deine Schöpfung beflecken durfte. Als die zwei Zellen eins wurden, sich vereinigten und sich dann begannen zu teilen, zu vermehren … da rief ICH voller Begeisterung den Engeln zu: Schaut nur, da ist mein geliebtes Kind! Welche Freude, es lebt! Und der ganze Himmel stimmte mit mir in den Lobpreis ein. Ja, gelobt der Tag, an dem du in Existenz gekommen bist!"

Und nun Du selbst

1. *Versuche mit der Kraft Deiner Vorstellung nachzuempfinden, wie Gott-Vater Samenfädchen und Eizelle zusammenfügte zu Deinem Leben. Und danke ihm, dass er von Anfang an in Deinem Leben war.*
2. *Du bist gewollt. Und Du bist ein Wunder. Es ist gut, dass Du da bist. Du bist kein Fehler, sondern ein Glücksgedanke des Vaters im Himmel. Ergreife diese Wahrheit. Der Vater wollte Dich, so kannst auch Du Dich von Grund auf bejahen.*
3. *Die Umstände unserer Zeugung mögen sehr unterschiedlich sein. Du darfst die Scham, Ablehnung, den Schmutz … oder was auch immer Du dabei empfindest, jetzt dem Vater abgeben. Er war von Anfang an für Dich. Er war Dein Beschützer.*
4. *Vielleicht hattest Du nie die Gelegenheit, Deine irdische Mutter oder Deinen irdischen Vater kennen zu lernen. Vielleicht hat der Tod sie frühzeitig von Dir weggerissen. Vielleicht konnten oder wollten sie sich nicht zu Dir bekennen. Bringe jetzt den Schmerz der Verlassenheit und Einsamkeit zum Vater-Gott. Sprich Vergebung aus: „Mama, Papa, ich vergebe dir, dass du nicht für mich da warst!"*
5. *Danke Gott nochmals von Herzen für diesen Tag, an dem Du von ihm in Existenz gerufen wurdest. Rufe Deinen Namen laut aus. Ja, Du solltest leben und sollst leben!*

IM MUTTERLEIB

Abba-Vater spricht zu Dir:

„Mein geliebtes Kind, ICH war von Anfang an in deinem Leben. Es gab keinen Tag, an dem dich meine Vaterliebe nicht umgeben hätte. Und so war es auch in der Zeit, als du im Bauch deiner Mutter geformt wurdest. So wie gute Eltern sich freuen und jede Woche nachrechnen ... jetzt hat das Herz angefangen zu schlagen ... jetzt hat es Arme und Beine bekommen ... jetzt hat es Finger und Zehen ... so haben meine Augen stets auf dir geruht. Jede Entwicklungsphase, jeden Wachstumsschub, jede neue Zelle habe ICH mit Freude hervorgerufen. Du wurdest immer konkreter. Du gewannst Gestalt ... Embryo ... Fötus ... Baby. Mein ganzes Wohlwollen war auf dich ausgerichtet. Jeder Fortschritt ließ mich jubeln. Deine Eltern konnten dich nicht mit ihren Augen sehen, bestenfalls erahnen – aber ICH sah dich alle Tage, und meine Augen konnten nicht wegschauen von dem Wunder, das sich hier ereignete: das Wunder deines Lebens. Du bist. Du wurdest. Dein Leben begann. Welch ein Schöpfungswunder! Weißt du, dass du erstaunlich gut und herrlich gemacht bist? ICH finde dich wunderschön. Von Anfang an hattest du mein Herz erobert und einen festen Platz darin. Kaum konnte ICH den Tag abwarten, bis du ganz das Licht der Welt erblicken würdest. So viel Neues stürmte auf dich ein, du kleiner Mensch. Geräusche drangen aus der Ferne an deine Ohren. Gefühle, Atmosphäre, Klänge und Stimmungen wirkten sich erstmals auf deine kleine Seele aus. Durch die Nabelschnur verbunden, unter dem Herzen deiner Mutter, fingst du an, deine Umwelt wahrzunehmen. Egal was dir dort entgegengekommen sein mag: die frohe Erwartung deiner liebenden Eltern oder der Wunsch, du wärest besser nicht da ..., vielleicht hörtest du aus der Ferne menschliche Stimmen voller Zartheit und Annahme, vielleicht aber auch Streit und laute Worte voller Hass. Doch schau, mein Kind, mehr als alle Worte der Menschen gilt mein Wort. Und meine Worte, die ich alle Tage, die du dort im Verborgenen warst, dir zugeflüstert habe, waren voller Liebe, Annahme, Freude, Licht und Leben. Meine Worte besaßen und besitzen mehr Macht als alle Zerstörungskräfte, die um dich her da gewesen sein mögen. So wie dich das Fruchtwasser schützend umgab, so ließ ICH täglich Ströme der Gnade und des Friedens um dich her fließen. Und ICH beschützte und bewahrte, barg dich sicher in meinem Schoß, gab dir Wachstum und Gedeihen. ICH, der Vater, der im Verborgenen ist, war dir nahe im Verborgenen des Mutterleibes."

Und nun Du selbst

1. *Vielleicht möchtest Du Dich jetzt auf den Teppich legen, Dich einkuscheln in eine Decke, wie das ungeborene Leben im Bauch der Mutter, und einige Augenblicke bei ruhiger Anbetungsmusik so im Schoß Deines himmlischen Vaters ausruhen.*
2. *Wenn es gesundheitliche Komplikationen in der Schwangerschaft gab, dann danke dem Vater, dass er Dein Leben bewahrt hat. Nimm die Schmerzen, die im Unterbewusstsein liegen mögen, und gib sie in die Hände des Vaters. Empfange seinen Frieden.*
3. *Vielleicht war die Schwangerschaft Deiner Mutter getrübt durch Wut, Zorn, Gewalt, Streit, laute Worte. Löse Dich im Namen Jesu von der Last, die da auf Deine kleine Seele gekommen sein mag. Sein Geist, sein Salböl bricht jedes Joch.*
4. *Vielleicht musst Du Dich von dem Geist der Ablehnung lösen. Wie gesagt, womöglich wollten Menschen Dich nicht empfangen. Du magst bei Menschen nicht eingeplant gewesen sein – wohl aber bei Gott. Sprich diese Wahrheit über Dir aus: „Ich bin ein Glücksgedanke Gottes. Ich löse mich im Namen Jesu vom Geist der Ablehnung."*
5. *Besonders hart traf dieser Geist der Ablehnung all diejenigen, bei denen man sogar eine Abtreibung versucht hatte – sei es in Gedanken, Entscheidungen oder konkreten Taten. Löse Dich im Namen Jesu vom Geist des Todes. Vergib Deinen Eltern und den falschen Ratgebern. Sprich sie frei von ihrer Blutschuld im Namen Jesu. Und preise Gott, Deinen Vater, der dieses Unheil himmlisch zu verhindern wusste.*

GEBURT

Abba-Vater spricht zu Dir:

„Endlich – endlich kam der Tag deiner Geburt. Dieser große und schöne Tag. Jahr für Jahr würdest du ihn feiern – und ICH mit dir. Welch eine Freude, welch ein Segen. Gelobt der Tag, an dem du das Licht dieser Welt erblicktest. Nun, ICH weiß, wie glücklich und schwer zugleich dieser Tag war. Seit dem Sündenfall lastet der Fluch auf der Menschheit …, unter Schmerzen kommt das neue Leben hervor. Das sind gewaltige Schmerzen, Todesschmerzen. Ein langer Kampf, ein langer Weg ins Leben. Wehe für Wehe, Stunde um Stunde, Atemzug um Atemzug. Ja, über jeder Geburt hängt ein Hauch des Sterbens. Aber jedes neue Leben ist auch zugleich ein Sieg … ein Sieg über den Tod. So bist auch du unter diesen Schmerzen geboren worden. Das waren schwere Stunden für dich. Auch wenn es aussieht, als wäre das kein schöner Empfang gewesen …, so qualvoll, kalt, laut und fremd. Und doch, mein geliebtes Kind, schau umher. ICH war dabei. ICH zog dich heraus aus dem Verborgenen deines Mutterleibes und brachte dich zum Licht des Lebens. ICH war deine Hebamme. ICH passte auf, dass alles gut ging, trotz Schmerzen und Kämpfen. Ja, ICH war bei dir, mitten in den Turbulenzen des Kreißsaals, mitten in deiner Hilflosigkeit und Not … du warst nicht einen Augenblick allein. Ich kämpfte für dich. Der Feind wollte nicht zulassen, dass du lebst. Aber ICH stritt für dich. ICH nabelte dich ab, wusch dich ab und barg dich in meinen Armen. Da stand ICH vor dir, dein himmlischer Vater, wog dich in meinem Arm und sagte: „Willkommen, schön, dass du da bist.“ Ja, ICH hieß dich im Leben willkommen. Selbst wenn du das anders erlebt haben solltest, aber ICH habe mit Augen voller Stolz und Wohlwollen auf dich geblickt. Du hast hier jetzt deinen Platz auf Erden. ICH will, dass du da bist – selbst wenn andere das nicht wollen. Herzlich willkommen in der Familie der Menschheit. So bestimmte ICH den Tag, den Ort …, deine Hautfarbe, den Teint, die Farbe deiner Haare und deiner Augen …, dein Aussehen und dein Geschlecht. ICH wollte, dass du ein Junge bist, dass du ein Mädchen bist. ICH bestimmte sogar, wer jetzt für dich da sein würde: Papa, Mama, Bruder, Schwester, Opa, Oma …, und auch wenn so mancher davon nicht seine Verantwortung übernahm, um dich liebevoll zu empfangen. ICH sorgte für dich. Der erste Blick in deine Augen hat genügt, um mich auf Ewigkeit an dich zu binden ..., aber heute feiern wir Geburtstag!"

Und nun Du selbst

1. *Freue Dich über Deinen Geburtstag! Vielleicht magst Du Dir ja heute eine Kerze anzünden als Ausdruck neuer Lebensfreude!*
2. *Wir alle brauchen Heilung und Befreiung von dem Trauma unserer Geburt. Denn die Geburtsschmerzen sind Folge des Fluches nach dem Sündenfall der Menschen. Bringe den Tag Deiner Geburt zum Vater und bitte ihn jetzt um eine tiefe Berührung seiner Gegenwart, dass er den Stachel der schmerzlichen Gefühle tief aus Deinem Inneren zieht und Fluch in Segen verwandelt.*
3. *Erkenne und stelle Dir vor, wie der Vater-Gott Dich aus dem Mutterleib zieht, wie er Dich mit liebenden Segensworten empfängt. Wie er Dich schützend und wärmend in den Mantel seiner Liebe einhüllt. Höre mit den Ohren Deines Herzens die Segensworte, mit denen er Dich, sein Kind, im Leben willkommen heißt. Vielleicht möchtest Du Dir jetzt Zeit nehmen, diese Worte aufzuschreiben.*
4. *Gott hat keinen Fehler bei Dir gemacht. Du bist genau zur rechten Zeit geboren (wenn Du eine sogenannte „Frühgeburt" warst, dann erkenne, dass Du im „Brutkasten" der Vaterliebe Gottes warst). Du hast auch das richtige Geschlecht. Löse Dich im Namen Jesu von jeder Verletzung, die an dieser Stelle auf Dein Leben gekommen ist und widerrufe die Wünsche, ein anderer zu sein. Gott hat es so gewollt ..., Deinen Körper, Deine Seele, Deine Hautfarbe, Deine Nation ..., Deine Generation. Es ist Zeit, Dich selbst als Geschenk des Himmels zu bejahen und anzunehmen. Bitte den Vater um Vergebung für Deine Rebellion! Stelle Dich vor den Spiegel, schau Dich an und preise Gott!*

SÄUGLING

Abba-Vater spricht zu Dir:

„Du warst so klein, so hilflos, so zerbrechlich ... einfach so süß. Als ICH dich an der Brust deiner Mutter sah, floss mein Herz über. Denn du musst wissen, dass in meinem großen Vaterherzen auch das Herz einer Mutter für dich schlägt – voller Zärtlichkeit und Barmherzigkeit. Diese ersten Tage, Wochen, Monate würden so wichtig sein, dich prägen ..., Gleise legen und Weichen stellen für die nächsten Jahre und darüber hinaus. Wie eine Henne ihre Küken mit den Flügeln beschützt, so breitete ICH meinen Frieden und Schutz über deinem Leben aus. ICH hielt dich wiegend im Arm, wenn du schliefst, streichelte zärtlich über deine weiche Haut, liebkoste deine Händchen, küsste deine Füßchen. ICH segnete dich mit meinem Segen. Ich war bei dir, wenn du weintest, dich allein fühltest und niemand anderes da war. ICH verstand dich auch ohne Worte und wusste, was dir fehlte ..., schreist du jetzt, weil du Hunger hast, weil dir langweilig ist oder du Bauchweh hast? ICH wusste es und tröstete dich mit Worten jenseits von Zeit und Raum. Ja, ICH brachte dich und deine kleine Seele oft zur Ruhe, stillte dein Verlangen. Jeder Fortschritt, jedes Sich-umdrehen-Können, Zugreifen, Ertasten, Zähnchen bekommen ..., ICH machte daraus eine Party. „Schaut nur, was mein Kind heute Neues kann!" ICH war dir ungeteilt zugetan. Meine Aufmerksamkeit ruhte auf dir. Mit Augen voller Güte schaute ICH dich an, mit einer Stimme voller Zartheit flüsterte ICH dir meine Liebe zu, und behutsam streichelte ICH deinen kleinen Körper dabei – so wie es eine gute Mutter tut. Nur Wärme und Geborgenheit gingen von mir aus. Und weil deine Mama nicht alles richtig machen konnte ..., deshalb füllte ICH allen Mangel aus. Jeden Schmerz deiner kleinen Seele fing ICH auf. Jede Träne wischte ICH fort ..., du warst nie schutzlos, nie verlassen, nie ohne Trost, nie ohne Zärtlichkeit und Annahme. Selbst wenn eine Mutter ihren Säugling verlassen würde, aber ICH habe dich nicht vergessen und werde dich nie verlassen noch versäumen. Du bist mein Kleines, mein Baby, mein geliebtes Kind."

Und nun Du selbst

1. *Suche nach einem Babyfoto von Dir und betrachte es in tiefer Dankbarkeit. So sah Dich Dein Vater im Himmel mit liebevollen Augen an!*
2. *Jetzt ist es Zeit, Deiner Mutter zu vergeben für alles, was sie Dir nicht sein konnte oder wollte ... Bringe sie ans Kreuz Jesu mit all den Schmerzen Deiner Seele über die Ablehnung in der Schwangerschaft, dass sie Dich allein ließ, auch da wo Du riefst, ihr Überfordert-Sein, ihre Ungeduld, dass sie Dich nicht an der Brust stillte, ihre emotionale Kälte und Härte, ihre Manipulation und Dominanz, ihre Unfähigkeit, Dich so zu lieben, wie Du es gebraucht hättest ..., was immer es sein mag, was Dein Herz jetzt gerade beschwert, sprich es laut aus und sage: „Mama, ich vergebe dir im Namen Jesu! Und ich löse dich von deiner Schuld! Du bist mir nichts mehr schuldig! Allen Schmerz und Mangel lege ich in die Hände meines liebenden himmlischen Vaters!" Empfange jetzt den Trost seines göttlichen Mutterherzens.*
3. *Jetzt ist es Zeit, Deinem Vater zu vergeben, für alles, was er Dir nicht sein konnte oder wollte ..., bringe ihn ans Kreuz Jesu. Stelle das Kreuz Jesu zwischen ihn und Dich und lege dort am Fuß des Kreuzes alle Schmerzen Deiner Seele ab, dass er kein Interesse an Dir zeigte, nie mit Dir spielte, keine Zeit hatte, seine Dominanz und erdrückende Übermacht, seinen Jähzorn, seine Unfähigkeit Dir Gefühle auszudrücken, sein Schweigen ..., oder was auch immer es sein mag, das Dein Herz jetzt gerade beschwert, sprich es laut aus und sage: „Papa, ich vergebe dir im Namen Jesu. Und ich löse dich von deiner Schuld. Du bist mir nichts mehr schuldig. Allen Schmerz und Mangel lege ich vertrauensvoll in die Hände meines liebenden himmlischen Vaters!" Empfange jetzt den Trost seines göttlichen Vaterherzens.*

UNBEWUSSTE KINDERJAHRE

Abba-Vater spricht zu Dir:

„Jetzt begannen die Jahre, wo du deine Umwelt zu erobern begannst. Die ersten Laute, Worte, Silben kamen über deine Lippen. Langsam begannst du durch die ganze Wohnung zu robben, zu krabbeln, zu kriechen, bis du deinen ersten Schritt auf wackeligen kleinen Babyspeckbeinchen wagtest. Oh, wie habe ICH mich gefreut. Wie überglücklich und stolz war ICH auf dich. „Gut so! Gut gemacht!" Meine Ermutigung war ständig um dich. Meine offenen Arme, jederzeit bereit dich aufzufangen, wenn du fallen solltest, sie lockten dich weiter. „Komm, noch einen Schritt. Du schaffst das! Prima. Siehst du, du kannst es ..., du kannst laufen. Bums, du bist wieder hingefallen? Komm, steh wieder auf! Ja, das machst du aber gut!" So lehrte ich dich das Laufen. Meine starke Hand war um dich. Und meinen Engeln befahl ich, dich wie meinen Augapfel zu behüten auf all deinen Eroberungszügen. ICH schenkte dir meine ganze Zuwendung, Aufmerksamkeit, Geduld, Zeit und Liebe. Du solltest an nichts Mangel haben. So hatte ICH dir auch eine Familie zugedacht. Deine Mama sollte dir die Nestwärme geben und dir Vertrauen beibringen. An ihrer Mutterbrust solltest du zur Ruhe finden und einen sicheren Ort kennen lernen. Ihre Sanftheit und Fürsorge sollten in dir ein Gefäß des Vertrauens kreieren. Die körperliche Nähe und das Austauschen von Zärtlichkeit sollten deine Emotionen wecken und ein ständiger Strom von Ermutigung für dich sein. Der Ton ihrer Stimme, der Duft ihrer Kleider, ihr liebevoller Blick, sollten dir alle Furcht nehmen und dich mit Zuversicht, Frieden und Wohlbefinden füllen. So wie sie immer für dich da sein sollte, wenn du sie brauchtest ..., so sollte das ein Muster in dir zeichnen: dass du nie allein bist. Ihr Trost, ihre Art dich zu lieben, sollten dich stark und sicher machen, dir zeigen, wie wertvoll du bist. Ihre Aufmerksamkeit sollte dir sagen: „Du bist für mich der wichtigste Mensch im ganzen Kosmos!"

Und dein Papa ..., seine starken Arme sollten dich halten, seine offene Arme sollten dich ins Leben locken. Seine Größe und Kraft sollten dich lehren, dass Schutz und Geborgenheit, Hilfe und Orientierung bei ihm zu finden sind. Seine Schultern sollten der Ort sein, wo du die Welt von oben sehen lernst. Er sollte dich spielend aufs Leben vorbereiten. Sein Lob und sein liebevoller Tadel sollten dir Weite geben und Grenzen setzen. Die Zeit auf seinem Schoß, wenn er von der Arbeit nach Hause kam, sollte eine besondere Kuschelzeit sein. Dein Papa sollte dir die Gewissheit geben, dass da immer einer bei dir ist, der für dich sorgt, dich beschützt und hinter dir stehen wird. Ja, der an dich glaubt, der dein größter Fan ist. All das sollte dir ein gesundes Fundament deines Selbstwertes geben. „Weil mein Papa mich gut findet, muss ich wohl wirklich gut sein ..., denn Papa, den finde ich ja super und Papa kann sich nicht irren." Er sollte dein Held, dein Vorbild, dein Lehrer und dein Freund sein. An seiner starken Hand solltest du lernen, die ersten Schritte im Leben zu machen. Und wenn du mal stolperst oder drohst hinzufallen ..., kein Problem. Papa ist da und hält dich fest an seiner Hand.

Und es war auch mein Liebesgedanke, dass deine Eltern sich von Herzen lieben. Dass ihre gegenseitige Liebe und Wertschätzung wie starke schützende Mauern um dich sind. Ein echtes Zuhause. Da können Stürme draußen toben, aber bei euch wohnt der Friede. Und am allerliebsten wollte ich, dass deine Eltern dich von Anfang an in meiner Liebe segnend willkommen heißen. Dass sie für dich beten, deine kleine Welt mit Lobliedern und meinen Bibelworten ausfüllen, so dass kein Platz für Angst und Finsternis übrig bleibt. Sie sollten dir von mir erzählen. Der Name Jesu sollte dir von klein auf bekannt sein. Sie sollten mit dir die Kinderbibel anschauen, vorlesen und dich mit einem Gute-Nacht-Gebet in die Träume schicken.

Oh, mein geliebtes Kind, ICH kenne deine Schmerzen. ICH weiß, wie es in deinem Herzen aussieht. Und ICH habe jeden Schmerz in meinem Herzen selbst mitempfunden. ICH weiß um den Mangel, um die tiefen Wunden und Defizite, die aus dieser Zeit herrühren. Oftmals konnten dir Mama und Papa selbst das nicht geben, was ICH wollte ..., was du brauchtest. Sie sind ja auch nur Kinder, die Kinder bekommen haben. Vergib ihnen! Vergib ihnen all das, was sie für dich nicht sein konnten! Aber schau, ICH war allezeit bei dir. ICH habe dich nie verlassen. Und ICH wollte dir all das sein – Vater und Mutter, Versorger, Schutz, Freund, Ermutiger ..., all das, was deine Eltern dir nicht geben konnten oder nur in menschlicher Form. ICH bin doch der wahre Vater, von dem alle Vaterschaft auf Erden kommt. Und ICH habe auch das Herz einer Mutter, das in Liebe für dich schlägt. Vielleicht konntest du damals nicht erkennen, dass ICH da bin, um dich zu trösten und zu segnen. Aber erkenne es doch jetzt und lass mich die Laufmaschen deines Lebens aufheben. Lass mich jetzt den Mangel deiner Kindheit ausfüllen mit meiner Vaterliebe."

Und nun Du selbst

1. *Versuche das gesunde Lebensgefühl eines Babys nachzuempfinden: „Ich bin der wichtigste Mensch im ganzen Kosmos." Das ist nicht übertrieben. Das stimmt gewissermaßen, denn wenn Du der einzige Mensch auf Erden gewesen wärst, wäre Jesus aus Liebe auch für Dich allein dort auf Golgatha den Tod gestorben, den Du für Deine Sünde verdient hättest. Ja, so sehr liebt der Vater Dich – gerade Dich!*
2. *Die Kleinkindphase ist eine der wichtigsten Phasen in unserer menschlichen Entwicklung. Gibt es Ereignisse, die Dir durch Hörensagen bekannt sind, aus dieser Zeit Deines Lebens? Bring sie jetzt im Gebet zum Vater. Nenne ihm jeden Schmerz, jeden Mangel und jede bedrohliche Situation. Mach Dir bewusst: er, der Ewig-Vater, ist damals dabei gewesen. Bitte ihn, dass Du jetzt die warme Umarmung seiner Nähe spüren kannst, auch wenn Jahrzehnte dazwischen liegen. Du warst nie schutzlos oder allein. Der Vater war immer bei Dir!*
3. *Die Liebe Deiner Eltern hätte in diesen Jahren in Dir ein Gefäß für Vertrauen schaffen sollen. Wo auch immer das nicht geschehen ist, empfange jetzt die Liebe Gottes. Dein himmlischer Vater liebt Dich mehr als Menschen es jemals konnten. Komm zur Stille an seiner Brust. Lass das hungrige, verstörte, einsame kleine Kind in seinen Armen Ruhe, Zuversicht, Wertschätzung, Zärtlichkeit, Zugang zu Emotionen finden. Bitte den Vater jetzt, Dir diesen „emotionalen Tank" zu schenken, Dir neu die Fähigkeit zu geben, an Deine Gefühle heranzukommen.*

BEWUSSTE KINDERJAHRE

Abba-Vater spricht zu Dir:

„Du wurdest immer größer. Dein Wille, Geschmack, deine Art und Persönlichkeit, Dein Charakter kamen mehr und mehr zum Vorschein und zur Entfaltung. Um deine Gaben und Fähigkeiten zu entdecken, brauchtest du viel Ermutigung, musstest lernen, mit deinen Gefühlen von Enttäuschung,

Zorn und Wut umzugehen. Du brauchtest jemanden, der an dich glaubt, dich fördert und deine Talente anleitet. Aber du brauchtest auch jemanden, der dir klare Grenzen setzt, der dir beibringt, was gut und was böse ist. Du brauchtest andere Gleichaltrige um dich her, um dich selbst besser einschätzen zu lernen, um das Teilen zu lernen, um lieben zu lernen. Es mögen Geschwister in der Familie gewesen sein, die Nachbarkinder, die ersten Sandkastenfreunde, die Kinder aus dem Spielkreis …, jetzt war die Zeit gekommen, im Kindergarten oder spätestens am 1. Schultag, als für dich klar wurde: Du bist nicht allein auf dieser Welt!

Die ersten bewussten Jahre deines Lebens sollten geprägt gewesen sein von Freude, Lachen, Spielen und Unbefangenheit. Sorglos und glücklich. Du solltest dich auf das Leben freuen, so wie auf die Zuckertüte zur Einschulung. Die Menschen um dich her, deine Eltern, Geschwister, Opa und Oma, Erzieher, Lehrer, Trainer, der Pastor und die Mitarbeiter im Kindergottesdienst …, sie alle sollten absolut für dich gewesen sein. Sie sollten dir Anreize zum Lernen, zum Entdecken und Selbstmachen geben. Da soll Raum für dich gewesen sein, um Fehler zu machen und daraus neue Einsichten zu gewinnen.

Dein Lebensgefühl sollte sein: Oh, wie ist das Leben schön, und ich darf dabei sein und so viele Abenteuer erleben und so viel Neues entdecken! Ja, ich darf herausfinden, was wirklich im Leben zählt und wo mein Platz darin ist!

Sei dankbar für alles Gute, das du in diesen Jahren erlebt hast. Für jeden Freund, Klassenkameraden, jeden Lehrer, jedes Vorbild, jedes Buch … all das, was dich weitergebracht hat, was dich auch innerlich hat wachsen lassen.

Und doch spüre ICH den Schmerz, dass du vieles in dieser Phase deines Lebens nicht empfangen hast. ICH spüre den Mangel in dir, wo du zu schnell erwachsen geworden bist. ICH spüre deine Ängste vor Versagen. ICH sehe die Spuren, die andere Menschen in dir hinterlassen haben mit dem, was sie sagten oder taten. ICH spüre Ablehnung, verletzende Worte, Demütigungen, wo du dich missbraucht, wehrlos, ohnmächtig gefühlt hast und nichts entgegensetzen konntest. ICH fühle die Verlassenheit und Einsamkeit, das Nichtverstandensein, die Schläge, die Kälte, Alpträume, traumatische Erlebnisse …, sogar den Tod. All das passt nicht zu einer Kinderseele. Das ist zu schwer und zu groß für dich gewesen. Das hat dich überfordert und dir die Freude am Leben geraubt. Lügen sind bei dir eingezogen. Die Lüge, dass das Leben schwer ist …, viel zu schwer. Die Lüge, dass du dir durch deine Leistung Liebe und Anerkennung verdienen musst. Die Lüge, dass du dich ständig mit anderen vergleichen und messen musst …, denn du brauchst die Anerkennung der Gruppe zum Leben. Hinter all diesen Lügen steckt der Geist der Waisenkindschaft – dahinter steckt Mr. Dunkel. Er kam durch die Hintertür deiner überforderten Kinderseele und hat dich mit seinen Lügen vollgesabbelt, bis du ihnen Vertrauen schenktest. Mehr Vertrauen …als mir!

Aber heute ist der Tag, wo wir, du, mein geliebtes Kind und ICH, Dein Vater im Himmel, hingehen werden und zurückholen, was der Feind dir gestohlen hat. Wir fordern zurück, was dir rechtmäßig gehört. Im Namen deines wahren Vaters, des lebendigen Gottes, darfst du die Jahre, die die Heuschrecken gefressen haben, zurückholen …, du darfst deine verloren gegangene Kindheit zurückfordern. Es ist nie zu spät für eine glückliche Kindheit! …, fordere zurück die Gefühle eines Kindes: unbeschwertes Lachen, hemmungsloses Weinen, unbekümmertes Träumen und Spielen, den Lebenshunger. Entdecke den Pioniergeist, die Abenteuerlust. Kündige alle Verträge von Selbstschutzmaßnahmen und Selbstschutzmechanismen, die du aufgebaut hast. ICH bin hier, Dein Vater. ICH will dir Schutz und Beistand sein. ICH stelle deine Füße auf weiten Raum. In meiner Nähe darfst du lernen, Kind zu werden, Kind zu sein. Weil ICH derselbe gestern, heute und in Ewigkeit bin, war ICH gestern in deinem Schmerz zugegen. Und ICH greife jetzt zurück und spreche mein Erlösungswort hinein. Schaue genau hin, erkenne doch, dass ICH damals, als du so verletzt wurdest, dabei gewesen bin. ICH hielt dich fest in deinem Schmerz. ICH beschützte dich, dass dir nicht noch Schlimmeres widerfahren konnte. Höre, was ICH damals zu dir sprach. Ich lasse die Worte meiner Liebe jetzt an Dein Herz dringen. Damals warst du viel zu verletzt, verstört, verängstigt. Aber höre doch jetzt. Höre noch mal genau hin und erkenne, du warst nicht allein. ICH habe dich niemals im Stich gelassen. Ja, Menschen können dich enttäuschen, aber ICH niemals. ICH bin doch Dein guter Vater, der dich mehr liebt als mein eigenes Leben, als mein eigenes Herz. Das Herzblut Jesu, meines liebsten, meines einzigartigen Sohnes, gab ICH am Kreuz für dich, für deine Schuld und für deine Schuldner, für deine Schmerzen, deine Wunden

…, und auch für die Schmerzen deiner Peiniger. Unfassbar groß ist das Wunder meiner vollkommenen Liebe. Sie ist stärker als die Macht des Todes, und sie stellt wieder her, erweckt zu neuem Leben und befreit zu tieferem Glücklich sein. Komm und sei mein Kind und lass Papa deine Wunden heilen.

Das Leben ist schön – auch für dich! Es gibt so viel zu entdecken. ICH nehme dich bei der Hand. Es ist nicht zu spät. Komm, probier es noch einmal – diesmal mit mir."

Und nun Du selbst

1. *Gibt es schmerzhafte Erinnerungen aus Deinen bewussten Kinderjahren, die Du so bisher noch nicht in Vergebung, Heilung und Befreiung gebracht hast? Denke daran, es ist zweierlei: zu vergeben und frei von Schmerz zu sein. Womöglich brauchst Du hier oder dort ein tieferes Berührtsein von der Vaterliebe Gottes, so dass auch die Schmerzen aufhören. (Vielleicht möchtest Du bei anderer Gelegenheit mit einem Freund / einer Freundin, Bruder / Schwester oder Seelsorger darüber sprechen und beten.)*
2. *So viel Zerstörerisches kann in diesen kostbaren Kinderjahren geschehen sein:*

   - *Sexueller Missbrauch*
   - *Gewalt*
   - *Verlassenheit (Schlüsselkinder)*
   - *Demütigungen durch Autoritätspersonen (Erzieher, Lehrer, etc.)*
   - *Ablehnung durch andere Kinder*
   - *Zerbrochene Freundschaften*
   - *Mangelhafte Ermutigung und Förderung*
   - *Vernachlässigung*
   - *Krankheit, Tod …*

   Was auch immer Deine Not ist, „krabble" jetzt auf den Schoß Deines himmlischen Vaters und sage ihm Deinen Schmerz. Bringe Dein zerbrochenes Stück Kindheit zu ihm, wie ein kaputtes Spielzeug. Spüre seine lieben-

de Gegenwart und die Macht seiner Wiederherstellung. Er hat Jesus von den Toten auferweckt. Sollte er da nicht die Vollmacht haben, die Risse deines Lebens zu heilen und alle Lücken des Mangels auszufüllen?! Sage laut: „Vater, ich vertraue dir! Du machst alles neu! Es wird alles gut werden! Du erstattest zurück! Du machst das Böse ungeschehen. Ich vertraue dir und ich danke dir. Du bist mein guter Vater!"

3. *Die Kinderjahre sollten Dich spielerisch auf das Leben vorbereiten und ermutigen. Leider wurde vielen ihre Kindheit geraubt. Sie mussten schnell erwachsen werden. Sie haben es nie gelernt, Kind zu sein. Wenn Du dazu gehören solltest – der Abba-Vater ist jetzt hier und er will Dir die Jahre Deiner Kindheit zurückerstatten. Du sollst kindlich (nicht kindisch) leben. Es ist nicht zu spät! Er nimmt die Laufmaschen deines Lebens auf. Tue jetzt doch etwas, was Kinder tun würden und freue Dich an dem Lebensgefühl: „Ich bin ein geliebtes Kind des Allerhöchsten!"*

PUBERTÄT

Abba-Vater spricht zu Dir:

„Wer bin ich? Was will ich und was nicht?" So viele Fragen, Zweifel und Gefühle gingen dir durch Kopf und Bauch, als du Teenager wurdest. Du warst nicht mehr Kind, gehörtest aber auch noch nicht ganz zu den Erwachsenen. Auch in dieser Periode deines Werdens war ICH, dein Vater und Freund, dir so nahe. Wie oft bewahrte ICH dich vor den falschen Freunden, vor Gefahren von innen und außen. Auch wenn du manchmal das Gefühl hattest: „Keiner versteht mich, keiner mag mich …", so war doch ICH immer auf deiner Seite und kannte jeden deiner Gedanken schon von ferne. In dieser Zeit des Umbruchs, wo du ein inneres neues Zuhause suchtest, dich von deiner Familie abnabeln wolltest …, in dieser Zeit der Turbulenzen, des Fragens und Suchens …, war ICH da und wollte dir meine Freundschaft schenken. Dein himmlischer Vater will dein Freund sein! ICH wollte dir Halt, Orientierung und tiefen Lebenssinn geben. ICH wollte dir helfen, deinen eigenen Willen herauszufinden und in Einklang zu bringen mit dem, was wirklich gut für dich ist. ICH wollte dir helfen, einen Lebensstil zu entwickeln, in dem du gesund und zufrieden bist. ICH wollte dir zeigen, wer du wirklich bist, was das Original ist … um dich davor zu bewahren, eine billige Kopie anderer zu werden. Schließlich bin ICH ja dein Erfinder und weiß am besten, was ICH mir bei dir gedacht habe. ICH wollte dich durch meine Gnade zu dem Menschen machen, den ICH von Ewigkeit in dir gesehen habe – der du zutiefst bist. ICH wollte dir helfen, mit deiner erwachenden Sexualität (allen Hormonen und was da so dranhängt) richtig umzugehen. Ja, ICH wollte dich innerlich vorbereiten auf „deine Eva / deinen Adam". ICH wollte dir einen beglückenden Lebenssinn schenken, dir die Augen öffnen, was ICH mit dir noch alles vorhabe … ach, ICH hätte dir so gern dabei geholfen, die richtigen Entscheidungen bei Ausbildung, Partnerwahl, Beruf etc. zu treffen. ICH hatte sogar eine Berufung in meinem Königreich für dich.

Du und ICH wissen genau, wo wir uns damals getroffen oder auch verpasst haben. Aber jedenfalls gilt mein Angebot noch immer. ICH, dein Abba-Vater, will dein Freund sein, dein Mentor, Trainer und Lebensberater, König und Herr deines ganzen Lebens, aber am meisten dein bester Freund!"

Und nun Du selbst

1. *Denke einen Augenblick nach, was die prägenden Erfahrungen aus dieser Phase deines Lebens waren. Danke Gott, dass er als Dein Vater immer zu Dir gestanden hat!*
2. *Welche Türen hast Du in der Pubertät geöffnet, die Du besser nicht geöffnet hättest?*

   - *Rebellion gegen Autoritäten*
   - *Selbsthass, Wut, Jähzorn*
   - *Gewalt, Selbst-Zerstörung*
   - *Todessehnsucht, Selbstmordgedanken, Suizid*
   - *Drogen, Alkohol, Nikotin*

– Ungute Musik, Filme
– Homosexualität
– Onanie-Sucht
– Sexuelle Intimitäten
– Pornographie
– Okkultismus, Zauberei, Spiritismus, Satanismus
– Religionen, Sekten
– Zugehörigkeiten zu Banden, Cliquen, falsche Freunde
– Ideologien (rechtes oder linkes Gedankengut)
– Falsche Werte, Philosophien (Humanismus etc.)
– Diebstahl, Vandalismus, Schlägereien
– Geiz, Habsucht

Vermutlich hast Du vieles schon als Götzendienst erkannt, bekannt und Dich im Namen Jesu davon gelöst. Ich ermutige Dich jetzt zu einer prophetischen Zeichenhandlung. Lass Dich bitte vom Heiligen Geist dabei leiten. Frage den Vater, zu welchen „alten Wegen" Du jetzt ein klares Nein sagen sollst. Gehe zu einer Tür in Deiner Wohnung. Nenne jeweils den Bereich und sage: „Im Namen Jesu sage ich mich davon los, bitte um die Vergebung durch sein Blut und schließe die Tür zur Vergangenheit." Zur Bekräftigung dieser neuen Festlegung schließe die Wohnungstür jeweils mit einem kräftigen Druck.

3. *Aber vor allem höre auf die Worte des Vaters, der immer schon Dein Freund sein wollte. Willst Du IHM nicht gerade jetzt neu Deine Freundschaft anbieten? Nimm Dir Zeit, mit Deinem Vater von Freund zu Freund zu reden.*

GEGENWART – HEUTE

Abba-Vater spricht zu Dir:

„Ja, von Ewigkeit her liebe ICH dich als guter Vater. ICH habe dich an jedem Tag deines Lebens begleitet. Durch alle Abschnitte des Erwachsenwerdens (… durch alle Lebensabschnitte danach …) bis zu diesem heutigen Tag.

Es gab keinen Tag, an dem meine vollkommene, bedingungslose Vaterliebe nicht für dich da gewesen wäre. Meine Liebe macht keine Fehler. Selbst in den Phasen, in denen du mich nicht finden und sehen konntest, war ICH bei dir. ICH trug dich auf meinen Schultern. ICH habe versprochen, dass ICH alle Tage bei dir sein werde, dass meine Liebe in Ewigkeit nicht aufhören wird. ICH kann dich nicht mehr lieben, als ICH dich jetzt in diesem Augenblick liebe – egal, wie vollkommen oder unvollkommen du bist. Du bist mein Kind. ICH habe mich für dich entschieden. ICH wollte dich damals und ICH will dich heute noch genauso. Und das wird immer so bleiben.

Du bist mein Glücksgedanke. Wenn ICH deinen Namen vor meinem Thron ausspreche, springe ICH auf vor Freude und Wellen der Begeisterung branden durch den Himmel. ICH liebe dich so sehr, dass ICH Jesus auch für dich hingegeben hätte, wärest du der einzige Mensch auf Erden. Wie oft sitze ICH abends an deinem Bett und betrachte dich im Schlaf. Du bist so schön. Wie lieb habe ICH dich. Du bist einzigartig. Du bist etwas ganz Besonderes.

Und es ist auch für mich etwas ganz Besonderes, wie du meine Liebe erwiderst. Die Art und Weise, wie du mich liebst, ist einzig im Laufe der ganzen Weltgeschichte. So kannst nur du mich lieben. So kannst nur du mein Herz erfreuen. Komm und lass uns gegenseitig Liebe schenken. Komm in den Raum der Begegnung, ganz nahe in meinem Herzen, und schenke mir deine Küsse in der Anbetung, so wie auch ICH dich herzlich umarme und mit Küssen bedecke.

Ja, ICH küsse deine Tränen hinfort und vertreibe deine Traurigkeiten. ICH will deine Lebensfreude sein, dein Licht und dein ganzes Glück, dein Reichtum und deine Hoffnung.

So werde ICH dich tragen bis ins hohe Alter. Und selbst, wenn du alt und grau sein wirst, bleibst du noch mein geliebtes Kind und ICH dein Ewig-Vater … So werde ICH dich tragen durch gute Zeiten und schwere Zeiten. Und selbst, wenn die Zeit gekommen sein sollte, loszulassen und zu sterben, gehen wir beide nur Hand in Hand weiter. Du an meiner Hand in meine neue Welt. Und dann werden wir leben im Vaterhaus meiner Liebe. Das wird vollkommene Freude sein. Du und ICH für immer in Ewigkeit. Siehst du, nicht einmal vor dem Tod brauchst du dich jetzt mehr zu fürchten, denn selbst in finsterem Todestal bin ICH bei dir und helfe dir.

So lebe heute mit mir. Lebe diesen Augenblick …, in Dankbarkeit und Liebe. Heute ist der Tag! Vatertag! ICH habe dich je und je geliebt!"

Und nun Du selbst

1. *Wo stehst Du heute? In welchem Lebensabschnitt befindest Du Dich momentan? Mache Dir bewusst: Gott, Dein Vater, ist auch jetzt bei Dir. Kannst Du ihn erkennen?*
2. *Vielleicht möchtest Du ihm nochmals die einzelnen Bereiche Deines Lebens neu anvertrauen:*

   – Deinen Stand (ledig, verheiratet, verwitwet, geschieden)
   – Deine Kinder (bzw. Kinderlosigkeit) und Familie
   – Dein Berufsleben (oder Arbeitslosigkeit)
   – Deine Freunde
   – Die Gemeinde

   Du bist Papas Glücksgedanke. Und seine guten Gedanken sollen auch in Deinem Leben Wirklichkeit werden. Lass seinen Segen jetzt auf Dich kommen!
3. *Zum Schluss lade ich Dich noch ein, dieses Gebet zum Vater mit mir zu beten: „Danke, Vater, dass du in Wirklichkeit mein Vater bist. Und ich bin dein geliebtes Kind, dein Glücksgedanke. Ich empfange deine Vaterliebe für jede Phase meines Lebens und ich glaube, dass du immer bei mir warst, auch in den dunklen Stunden. Was ich nicht verstehen kann, lege ich vertrauensvoll zurück in deine Hände. Du bist nur gut zu mir! Und alles, absolut alles in meinem Leben, muss mir zum Besten dienen, denn ich bin ja dein Kind! So gehe ich weiter an deiner Hand und freue mich auf die gemeinsamen Abenteuer, die noch auf uns warten! Ich liebe dich!"*

deine Tochter / dein Sohn
dein Glücksgedanke

Die Anregung zu diesem Kapitel bekam ich durch das hilfreiche Material von Shiloh Place Ministries. www.shilohplace.org

Kapitel 14

Der Kreis der Liebe

Ohne Anfang und ohne Ende

Der Kreis ist das Symbol für Ewigkeit, ohne Anfang und ohne Ende. So wurde der Ring ein Zeichen für die Liebenden. Zur Hochzeit wird der Ehering an den Finger gesteckt und damit der Wunsch nach einer Liebe, die kein Ende finden möge, besiegelt. So verhält es sich auch mit dem **Kreis der Liebe Gottes** (wie ich ihn nennen möchte). Der ewige Gott und Ewig-Vater zieht uns mit den Seilen seiner Liebe ganz nahe an sein Herz. Seine Liebe kommt uns Äonen lang schon entgegen. Sie umspielt unsere kleine Existenz und begleitet uns an jedem Tag unseres Daseins. Bis sie uns nach Hause holt.

> *„Mit ewiger Liebe habe ich dich geliebt; darum habe ich dich zu mir gezogen aus lauter Gnade“* (Jeremia 31,3).

Unser Gott in seiner **Trinität** erscheint mir wie eine einzige **Bewegung der Agape-Liebe**. Jede Personenseite Gottes ist erfüllt mit purer Agape. Es ist schon im Alten Testament unmöglich, von dem einen, unteilbaren Gott der Juden im Singular zu reden. Er ist der drei Mal heilige *Jahwe.* Und auch sonst wird er im Plural angesprochen, mit dem Namen *Elohim.* Noch deutlicher lässt sich diese Bewegung der Liebe dann im Neuen Testament durch das Kommen Jesu nachverfolgen.

Gott offenbart sich als Vater, Sohn und Heiliger Geist. Dabei kommt einer dem anderen mit Liebe zuvor. Einer erhebt den anderen und macht ihn demütig groß. Einer dient dem anderen hingegeben und beschenkt ihn mit Liebe und Ehre:

Der Vater liebt den Sohn und verherrlicht ihn. *„Der Vater liebt den Sohn und hat alles in seine Hand gegeben“* (Johannes 3,35).

Der Sohn liebt den Vater und verherrlicht ihn. Jesus sagt: „Ich liebe den Vater und handle so, wie es mir der Vater geboten hat“ (vgl. Johannes 14,31).

Und **der Heilige Geist**, der demütige *Paraklet* und Freund, **verherrlicht den Vater und den Sohn** und gießt die Liebe Gottes in unsere Herzen hinein. *„Die Liebe Gottes ist ausgegossen in unsere Herzen durch den Heiligen Geist, der uns gegeben worden ist“* (Römer 5,5).

Somit werden **auch wir** Teil dieser kreisförmigen Bewegung und Dynamik des Himmels. Wir werden geradezu mit hineingezogen in den Kreis seiner Liebe. ***„Wer aber mich liebt, der wird auch von meinem Vater geliebt werden, und ich werde ihn lieben und mich ihm offenbaren“* (Johannes 14,21). *„Gleichwie mich der Vater liebt, so liebe ich euch; bleibt in meiner Liebe!“* (Johannes 15,9) *„Denn er selbst, der Vater, hat euch lieb“* (Johannes 16,27).**

Vollkommene Einheit bringt neues Leben hervor

Der wunderbare göttliche Kreislauf der Vaterliebe will durch unser Leben fließen. Und von uns dann hinaus in die Welt, so wie Jesus es im hohepriesterlichen Gebet gebetet hat: *„auf dass sie **alle eins seien, gleichwie** du, Vater, in mir und ich in dir; auf dass auch sie in uns **eins seien, damit** die Welt glaubt, dass du mich gesandt hast. Und ich habe die Herrlichkeit, die du mir gegeben hast, ihnen gegeben, auf dass sie **eins seien, gleichwie** wir eins sind, ich in ihnen und du in mir, **damit sie zu vollendeter Einheit gelangen**, und **damit** die Welt erkenne, dass du mich gesandt hast und **sie liebst, gleichwie du mich liebst** (...) damit **die Liebe, mit der du mich liebst, in ihnen sei** und ich in ihnen“* (Johannes 17,21-23,26; Hervorhebungen durch den Autor). Was für ein Gebet! Ich bin über drei Aussagen darin gestolpert:

1. **Der Vater liebt uns genauso wie Jesus**
   Unser Abba-Vater liebt uns genauso, wie er seinen vielgeliebten Sohn Jesus Christus liebt. *Gleichwie* bedeutet ohne irgendeinen Unterschied. Lasst uns den Sohn betrachten, wie die Liebe des Vaters ihn erreicht. So liebt der Vater auch uns – und die ganze Welt. Abbas Liebe ist bedingungslos und hört niemals auf. Sie ist stärker als alles; stärker als die Macht der Sünde und des Todes.

2. **Das Ziel ist die vollkommene Einheit**
   Die Wesens-Einheit in Gottes liebender Trinität ist die Quelle allen Lebens. Sie trägt ein tiefes Geheimnis in sich. Hier entspringt die schöpferische Kraft, aus der alles entstammt. Wenn uns nun die Vaterliebe in diese herrliche *vollendete Einheit* mit hineinzieht, können wir gewiss sein, dass am Ende wieder ein Schöpfungs-Wunder steht. Das Wunder neuen Lebens.

3. **Damit die Welt erkennt**
   Abbas Liebe gilt einer ganzen Welt. Alle Menschen sind seine geliebten Kinder. Aber viele befinden sich noch im Bereich des Todes. Das lässt den Vater nicht müde werden. *Damit* … Abba verfolgt nur ein Ziel. Sein ganzes Herz ist auf Rettung ausgerichtet. Was für eine Freude, wenn die verlorenen Söhne und Töchter heimkommen (aber auch die älteren Geschwister, die ebenso fern von zu Hause schuften)!

Wie zwei Menschen, die sich lieben und dabei eins werden, neues Leben hervorbringen, so möchte Gottes Vaterliebe in den Herzen seiner Kinder **Frucht** hervorbringen. Babys entstehen durch Liebe und Intimität. **Neues Leben im Geist entsteht durch die Nähe zum Vaterherzen Gottes.** Je näher wir bei ihm sind, umso mehr Frucht wird in unserem Leben zum Vorschein kommen. Zuerst in unseren Herzen, aber dann auch in unserem Umfeld.

Umzingelt von Liebe

Wer in diesem Kreis der Liebe lebt und sich von Vater, Sohn und Heiligem Geist beständig lieben lässt, erlebt das höchste Maß an **Geborgenheit und Schutz**. Hier ist die feste Burg, in der wir unantastbar sind für die Angriffe des Feindes. Hier ist der Raum der Begegnung im Herzen des Vaters, wo er zu uns sprechen wird. Hier ist das Vaterhaus der Liebe Gottes, in dem wir endlich Zuhause angekommen sind.

So leben wir **umzingelt von der Güte und Gnade** Gottes, wie es in den Psalmen 23 und 91 beschrieben wird. Dieses Lebensgefühl kennen nur die Geliebten Gottes. Das ist die **herrliche Freiheit der Kinder Gottes**, von der Paulus in Römer 8 berichtet. Wer das einmal geschmeckt hat, will diesen Ort des himmlischen Friedens niemals mehr verlassen. Und das Gute daran ist: Wir brauchen das auch nicht, denn wir können diesen Ort immer mit uns nehmen.

Und nun zu Dir

- *Was sind Deine Beobachtungen über die Bewegung der Liebe, die zwischen Vater, Sohn und Heiligem Geist hin und her fließt?*
- *Wenn geistlich neue Frucht durch Intimität mit dem Herzen des Vaters entsteht, welche neuen Aspekte wirft das dann für Dich auf im Hinblick auf das Thema Evangelisation?*
- *Nimm einige Tücher oder ein Seil und bilde damit einen größeren Kreis auf dem Boden. Dann stell Dich mitten hinein und mache Dir dadurch den Kreis der Liebe Gottes bewusst, in dem Du leben darfst. Danke dem Vater für diesen Ort der Geborgenheit.*

Kapitel 15

Leben im Vaterhaus

Ein Zuhause bei Gott

Nie ist es wichtiger etwas für Gott zu tun, als bei ihm zu sein und ihn zu lieben! In unserer materialistischen, technischen Zeit vergessen wir das leider manchmal. Wir konzentrieren uns dann mehr auf Geld, Leistung und Erfolg, anstatt auf Beziehung. Aber unser Gott ist zutiefst eine Beziehungsperson. Wir können ihn am besten in Beziehungswörtern beschreiben: er ist unser Vater, Bräutigam, König und guter Hirte. In der Drei-Einheit Gottes spiegelt sich eine liebevolle Bewegung wider. So wie der Vater mit dem Sohn umgeht, so wie der Sohn dem Vater gefallen will, ja, so wie der Heilige Geist demütig dem Vater und dem Sohn zur Verfügung steht – all das ist ein gelebtes Modell für die Agape-Liebe, die Gott in seinem Vaterherzen trägt. Wir können keine tiefere Aussage über Gott treffen als: **„Gott ist Liebe“** (1. Johannes 4,16)!

Liebe will sich verschenken, will sich multiplizieren. So auch unser Vater-Gott. Er will Familie haben. Allein das Wort „Vater“ besagt schon, dass es da auch Kinder geben muss. Die ganze Bibel berichtet darüber, von den ersten Seiten im Garten Eden bis zu den letzten Seiten im neuen Jerusalem. **Gott wünscht sich eine Familie.** Nicht, weil er so schrecklich einsam gewesen wäre. Nein, Gott erlebt Fülle, Harmonie und Gemeinschaft in sich selbst. Aber es ist der Wunsch seines Vaterherzens, dieses „Meer an Liebe“ – ach, was sag ich, dieses „Universum an göttlicher Agape-Liebe“ – mit uns Menschenkindern zu teilen. Wir sind geschaffen worden, um Teil dieser himmlischen Familie zu werden. Ursprünglich gehörten wir dazu, aber nach dem Sündenunfall sind wir Gottes Feinde geworden. Der rebellische

Mensch hat sich den Teufel zum Vater erwählt (Johannes 8,44) und damit seinen wirklichen Abba-Vater verworfen. Sage mir, wem du vertraust und ich sage dir, wer dein Vater ist. So simpel ist das. Eine ganze Menschheit hat den wahren Vater verlassen und wurde versklavt unter den Waisengeist.

Umso mehr dürfen wir uns nun glücklich schätzen, dass nach all den vielen Jahrtausenden der absoluten Heimatlosigkeit die Tür zum Vaterhaus der Liebe Gottes wieder für uns sperrangelweit offen steht. Jesus Christus, Gottes Vaterherz, hat das Tor der Gnade geöffnet. Er, der Zimmermann aus Galiläa, hat uns aus seinen Kreuzbalken eine Tür gebaut, durch die wir wieder heimkehren können. Seine ausgestreckten Arme auf Golgatha sind die Einladung Gottes an unsere Welt, in die Arme des Vaters zurückzukommen. Das Vaterhaus steht offen für die verlorenen Söhne und Töchter sowie für die älteren Brüder und Schwestern. **Wir sind nicht mehr allein, wir haben ein Zuhause bei Gott! An seinem Tisch ist immer ein Platz für uns frei!** Und vor allem haben wir einen Vater-Gott, der uns liebt und mit uns Gemeinschaft leben will. Ihn kennen, heißt ihn lieben. Nur wer diesen Vater liebt, weiß, was echtes Leben bedeutet. Das ist der wahre Sinn unserer Existenz. Wer an Gottes Vaterherzen angekommen ist, hat das Ziel seiner Reise erreicht. Wir müssen nicht mehr weitersuchen. Wir kommen zur Ruhe. Wir sind an der Quelle allen Seins angelangt. Wir haben keine Angst mehr, etwas vom Leben zu verpassen. Hier wohnt die ganze Fülle Gottes leibhaftig. Es ist ein unbeschreiblicher Segen, der in der Begegnung mit dem Vater-Gott auf uns wartet. Wir sind am Ziel unserer Träume angelangt und doch beginnt zugleich ein neues, aufregendes Abenteuer. Das ist die Freude, diesen herrlichen Vater tiefer und tiefer kennen zu lernen. Das ist die lebenslange Entdeckungsreise, die wunderbarste Beziehung im ganzen Kosmos auszuloten. Ein Menschenleben wird dazu nicht reichen, dafür brauchen wir Ewigkeiten. Aber wir haben ja genügend Zeit. Schließlich sind wir zu Hause!

In der Liebe bleiben

Jemand sagte mal, man buchstabiert das Wort Liebe folgendermaßen: Z–E–I–T! Mit anderen Worten, **Liebe braucht Zeit**. Sie ereignet sich nicht einfach so auf die Schnelle. Zeit ist das wertvollste Geschenk, das wir, sterbliche Menschen, geben können. Wenn wir Zeit opfern, dann geben wir ein Stück von unserem Erdenleben. Wir investieren unsere Zeit für das, was wir lieben und für den, den wir lieben. Liebesbeziehungen brauchen nun mal Zeit. Gott weiß das und deshalb spricht er in seinem Wort so oft davon, dass wir in seiner Liebe bleiben sollen (Johannes 15,9). Hier steht ein Ausdruck im griechischen Original, den wir übersetzen können mit: „beharrliches Dranbleiben". Stellt euch einen kleinen Terrier vor, wie er sich in seiner Hundedecke festgebissen hat und sein Spielzeug nicht mehr losgibt. So energisch und ausdauernd sollen wir an der Liebe des Vaters dranbleiben, uns geradezu festbeißen. Aber, wie gesagt, der Zeitfaktor ist dabei ausschlaggebend. Nicht Gott braucht stundenlange Anbetung und Gebete, bis er weichgekocht wäre, um uns endlich zu erhören. Aber wir Menschenkinder, wir brauchen oftmals längere Zeiträume, bis wir beim Vater wirklich angekommen sind. Unsere Liebe braucht Zeiten, um Worte und Ausdrucksformen zu finden. Es ist relativ leicht, diese Aussage im eigenen Erleben zu überprüfen. Versuche Dich an Situationen Deines Lebens zu erinnern, in denen Du gute und beglückende Erfahrungen gemacht hast. Wie hängt das Maß an eingebrachter Zeit mit dem Maß an erfahrener Lebensqualität zusammen? In der Regel werden wir feststellen, je mehr Zeit wir investieren, also dranbleiben, umso größer ist der persönliche Gewinn.

In unserem Glaubensleben ist das nicht anders. Die intensivsten Zeiten mit Gott in meinem Leben waren oftmals Folge von längerem Dranbleiben, auf Gott warten, geduldig auf seine Hilfe harren, ihn im Gebet und Bibelstudium suchen. Der Vater liebt es, wenn wir ihm unsere ungeteilte Aufmerksamkeit schenken. Wenn wir nur Augen und Ohren für ihn haben. Dann ist es manchmal so, als ob er die Zeiger der Uhr anhalten würde. Das sind solche kostbaren Augenblicke mit Ewigkeitswert. Da kommt der Ewig-Vater und durchkreuzt mit seiner Liebe die Dimensionen von Raum und Zeit und Menschlichkeit. Wir sind dann „verloren in Gott". Es ist, als ob wir im Meer seiner Liebe schwimmen würden. Er in uns und wir in ihm. Das ist göttliche Intimität. Jedoch diese beglückende Gotteserfahrung machen wir nur, wenn wir bei ihm „bleiben"!

Wie können wir in seiner Liebe bleiben?

1. Anbetung – in der Herrlichkeit des Vaters bleiben

Die Sprache der Liebe ist Anbetung. Das ist selbst unter gottlosen Menschen so. Da schwärmt einer von seinem neuen Auto. Da singt einer seiner „Angebeteten" Lieder. Um wie viel mehr gebühren unserem himmlischen Vater alles Lob und alle Ehre. Wenn wir in der Liebe für ihn beständig bleiben wollen, dann müssen wir mit Anbetung beginnen. Lobpreis ist mehr als Lieder singen, Musik machen oder nette Gebete sprechen. Natürlich werden wir ihn mit allen Künsten groß machen wollen. Aber Anbetung ist weit mehr. Anbetung ist Hingabe. Mit allem, was ich bin und habe, mit allen meinen Talenten und Gaben will ich Gott verherrlichen. Das ist mein „logischer Alltags-Gottesdienst" (siehe Römer 12,1-2), dass ich mich selbst vollkommen in die Waagschale werfe. Wenn ich im Garten Rasen mähe, wenn ich esse, wenn ich schlafe, wenn ich bei meiner Arbeit bin ..., alles will ich aus Liebe für ihn tun. Jesus hat alles für mich gegeben, wie sollte ich da noch etwas von mir zurückhalten? Ich lebe, um den Vater zu lieben.

2. Gebet – im Gespräch mit dem Vater bleiben

Liebende sprechen miteinander. Und selbst, wenn sie schweigen, ist die Stille von wissendem Verständnis gefüllt. Beten ist Reden mit dem Vater. Bitte lasst unsere Gebetszeiten nicht dazu verkommen, dass wir technische Floskeln und religiöse Formulierungen herunterleiern. Jesus nennt das „Plappern wie die Heiden" (Matthäus 6,7). Wir sollen kindlich zu ihm kommen und dürfen „Abba, lieber Papa" zu ihm sagen. Es kommt nicht auf die Richtigkeit unserer Sprache an, sondern auf die Aufrichtigkeit unseres Herzens. Eine gute Gebetszeit lässt sich auch nicht allein nach ihrer Länge bemessen. Sind wir dem Vater im Gebet begegnet? Haben wir zu ihm gesprochen? Haben wir ihm unsere Freude, unseren Schmerz, den Zweifel und die Angst erzählen können? Und haben wir auch seine Stimme gehört? Was hat er uns zu sagen gehabt? Was bewegt ihn?

In Johannes 10,28-30 sagt Jesus erstaunliche Worte: *„Meine Schafe hören meine Stimme und ich kenne sie, und sie folgen mir; und ich gebe ihnen ewiges Leben, und sie gehen nicht verloren in Ewigkeit, und niemand wird sie aus meiner Hand rauben. Mein Vater, der sie mir gegeben hat, ist größer als alles, und niemand kann* *sie aus der Hand meines Vaters rauben. Ich und der Vater sind eins!"* Mit anderen Worten, jedes Gotteskind kann die Stimme des Vaters hören. Je länger wir mit ihm gehen, umso vertrauter wird uns seine Stimme. Wenn wir täglich im Gespräch mit dem Vater bleiben, wird das Band unserer Liebe stärker und stärker werden.

3. Wort Gottes – in der Wahrheit des Vaters bleiben

Der Vater spricht auf vielerlei Weise zu uns: durch die leise Stimme seines Geistes in unseren Herzen, durch Umstände und Fügungen, durch andere Menschen, manchmal durch Notlagen …, aber am liebsten durch die Bibel, sein inspiriertes Wort. Die ganze Bibel ist Gottes Wort. Von schwachen, fehlbaren Menschen aufgeschrieben, aber vom starken Geist Gottes eingehaucht und durchweht. Das sind die Worte meines liebenden Abbas. Wer die Bibel mit den Augen eines Sohnes/einer Tochter liest, wird darin die vollkommene Weisheit und Wahrheit des Vaters entdecken. Das bewahrt vor rechthaberischem Biblizismus und vor kritischem Liberalismus. Ich muss nicht um die Richtigkeit jeder Aussage der Bibel kämpfen, aber ich werde auch nicht oberflächlich verwässern, was mein Verstand nicht begreifen kann. Die Bibel ist eine Sammlung von Liebesbriefen an mich, sein Kind. Ich suche Offenbarung seiner Liebe darin und sein Angesicht. Auch hier gilt wieder, wer schnell drüber hinwegliest, wird nicht viel mitbekommen. Aber wer diese Worte mit Augen des Herzens betrachtet und mit Ohren des Herzens hört, wird gesegnet sein. Er wird in der Liebe des Vaters bleiben, weil seine Worte in ihm bleiben.

4. Gehorsam – im Willen des Vaters bleiben

Liebe zeigt sich aber nicht nur am Gesagten, sondern vor allem an den Taten. Die Liebe verlangt nach konkreten Beweisen. Wenn wir den Vater wirklich lieben, dann werden wir auch tun, was er sagt. Wir werden mit all unserer Kraft versuchen, seinen Willen in die Tat umzusetzen. Gehorsam hat leider in unserer Sprache so einen negativen Beigeschmack. Dabei ist doch gemeint, wenn ich jemanden liebe, dann will ich ihm gefallen. Ich werde bemüht sein, seine Wünsche zu erfüllen und möglichst nichts zu machen, was ihn verärgern würde. Solch ein Leben hat Jesus auf der Erde geführt. Er lebte in vollkommener Übereinstimmung mit dem Willen des

Vaters. Es war für ihn keine Strafe oder Bürde gehorsam zu sein, sondern Ausdruck seiner abgrundtiefen Liebe. Er „lernte Gehorsam" (Hebräer 5,7) durch das, was er erlitt. Er war bereit, diesen schmerzvollen Prozess *zu durchlaufen*, weil er von etwas viel Größerem motiviert war, nämlich von der Liebe des Vaters. Wenn wir tun, was der Vater uns gesagt hat, dann werden wir in seiner Liebe bleiben und im Glauben wachsen.

5. Gemeinde – in der Gemeinschaft der Familie Gottes bleiben

Ein besonderes Gewächshaus für Liebe Gottes ist die Gemeinde. Abba hat es in seiner weisen Güte beschlossen, dass wir nicht als „Einzelkinder" aufwachsen, sondern in einer Großfamilie. Wir haben viele Brüder und Schwestern. Erst im Zusammenleben zeigt sich unser wahres Gesicht. Hier lernen wir, wer wir sind und wer wir (noch) nicht sind. Darum sagt uns das Wort Gottes, dass wir erst wirklich wissen, ob wir Gott lieben, wenn wir seine Kinder, unsere Geschwister, lieben (1. Johannes 4,20-21). Wenn man einen Vater verletzen wollte, dann müsste man seine Kinder angreifen. Das tut ihm mehr weh, als wenn er persönlich angegriffen wird. So ist es auch bei unserem himmlischen Papa. Er identifiziert sich total mit seinen Kindern. Wer seine Kinder beleidigt oder ablehnt, der wendet sich auch gegen ihn. Und wer seine Kinder wertschätzt, der ehrt auch ihn. So ist das in einer guten Familie. Die Gemeinde ist Lernfeld für die Liebe. Hier hat uns der Vater mit Menschen zusammengestellt, die wir uns oftmals nicht selbst ausgesucht hätten. Unsere Unterschiedlichkeiten fordern uns heraus und trainieren unsere Fähigkeit zur Annahme. Erst im Zusammenleben lernen wir Vergebung zu üben, zu streiten, uns wieder zu vertragen, miteinander zu teilen …, und viele andere Facetten von echter Liebe. Leider entziehen sich heutzutage viele Christen diesen heilsamen Lernprozessen, indem sie dem Beziehungsgeflecht von Gemeinden den Rücken kehren. Man will seinen Glauben ohne die störenden anderen privat leben. Aber das funktioniert so nicht, weil Gott da nicht mitmacht. Schließlich ist er Vater und hat Familie. Wer ihn haben will, bekommt es immer mit der ganzen „Sippe" zu tun. Und das ist auch gut so. Wer in der Liebe des Vaters bleiben will, der muss in der Gemeinde Jesu bleiben (und zwar nicht in der unsichtbaren, intergalaktischen Super-TV-Church, sondern in der stinknormalen unperfekten Ortsgemeinde, zu der Du hoffentlich gehörst!).

Mein Platz auf Papas Schoß

Wenn Du im Vaterhaus angekommen bist, was bleibt dann zu tun?

Krabble auf den Schoß von Deinem himmlischen Papa!

Für den einen oder anderen mag das (selbst nach der Lektüre dieses Buches) immer noch zu menschlich von Gott gesprochen sein. Körperkontakt mit Gott? Ein Gott zum Anfassen? Zum Berühren, Betasten, Begreifen? Aber so menschlich zugewandt ist nun mal unser Gott und Vater. Von Jesus heißt es in Johannes 1,18: *„Niemand hat Gott jemals gesehen, der eingeborene Sohn, der in des Vaters Schoß ist, der hat ihn kundgemacht."* Welch eine Aussage über Jesus?! Er sitzt auf dem Schoß seines himmlischen Vaters und von dort aus, erzählt er uns alle Geheimnisse, die er beim Vater entdeckt hat.

Der Schoß des Vaters ist Inbegriff für Geborgenheit und Schutz, aber auch für absolutes Vertraut sein und grenzenlose Liebe und Annahme. Wer sitzt heutzutage noch auf dem Schoß? – Die Antwort: Kinder und Verliebte! Wer auf dem Schoß von Abba sitzt, der ist unangreifbar. Selbst Mr. Dunkel höchstpersönlich reicht da nicht heran. Und auch Menschen, die hinter einem her sein mögen, können uns an diesem Ort nichts anhaben. Im Schoß des Vaters ist das Auge des Sturms.

Es gibt noch andere Beschreibungen dafür. Der Jünger Johannes wurde an der Brust Jesu vom „Donnersohn" zum „Apostel der Liebe" verwandelt. Fortan bezeichnete er sich selbst als „den Jünger, den Jesus lieb hatte" und „den Jünger, der an der Brust Jesu lag" (Johannes 21,20). Und Maria von Bethanien ist in die Geschichte eingegangen als „Jüngerin zu Füßen Jesu" (Lukas 10,39). So nahe dürfen wir Gott kommen und so nahe möchte er auch uns sein. Die Nähe Gottes ist alles, was wir brauchen. Seit der Vorhang im Allerheiligsten zerrissen ist, steht die Tür zum Vaterhaus der Liebe Gottes wieder offen. Jesus hat mit seinem Herzblut bezahlt, dass wir Gott uneingeschränkt nahen dürfen. Nun entscheidet jeder Mensch selbst, wie nahe er Gott kommen will!

Viele Christen müssen das neu oder gar zum ersten Mal in ihrer Nachfolge lernen. Du darfst Gott berühren und er will Dich mit seiner Liebe berühren. Ja, es geht dabei um Emotionen. Wie sollte man ganz ohne Gefühle lieben können? Aber es ist weitaus mehr als schöne Gefühle, die den

Rücken rauf und runter laufen. Wir suchen nicht den „ultimativen Kick“, sondern ihn in Person.

Mir ist es in den letzten Jahren zu einer großen Hilfe geworden, mich längere Zeit der Liebe Gottes bewusst auszusetzen. Ich nenne das: Ein Bad im Meer seiner Liebe nehmen. Meistens lege ich mich dann entspannt auf den Teppich oder setze mich in meinen Lieblingssessel. Im stillen Gebet mache ich mir die Gegenwart Gottes bewusst, trete ein in den Raum meiner Begegnung in seinem Vaterherzen. Besonders liebe ich es, wenn ruhige Anbetungsmusik im Hintergrund läuft. Das hilft mir, meinen inneren Menschen besser auf Gott auszurichten. Es braucht schon einige Minuten, bis die Gedanken in meinem Kopf zur Ruhe kommen. Ich höre auf mit allem, was ich tue, sogar mit Gebete-sprechen ..., und warte auf den Vater. Mein äußerer und innerer Mensch liegen wie eine leere Schale vor Gott, bereit, neu gefüllt zu werden. Manchmal kann ich körperlich die Präsenz Gottes spüren, manchmal empfinde ich seinen stillen Frieden, manchmal kommt mir ein Bibelwort in den Sinn oder ein anderer Impuls des Heiligen Geistes ... Aber in diesen Zeiten geht es mehr um das Bleiben in seiner liebevollen Nähe als um neue Informationen oder Instruktionen. Wir genießen einfach einander, so wie Verliebte es tun.

Gott genießen? Ja, Gott genießen! Auch das mag für manchen eine neue Begrifflichkeit im Zusammenhang mit Gott sein. Ein altes Glaubensbekenntnis der anglikanischen Kirche (Westminster Confession) besagt: *„Das größte Ziel der Menschheit ist es, Gott zu verherrlichen und für immer zu genießen!“* Das ist die Freude am Herrn, die unsere Lebenskraft ist. Das ist die Lust am Herrn, die uns die Schatzkammern des Himmels öffnet. Wir sind geschaffen zur Freude unseres Schöpfers. Ebenso sollen wir ihn und seine Liebe feiern und genießen. Und wo könnte man das besser als auf seinem riesengroßen Schoß?!

Lass Dich gesund lieben von der stärksten Liebe im ganzen Universum!
Für mich ist das nach wie vor ein einziges Wunder! Die Liebe Gottes kann alle Wunden heilen, die sichtbaren und die unsichtbaren. Ich kenne wirklich keine Macht der Welt, die stärker wäre als diese Agape Gottes. Der Teufel kann nur kaputt machen und zerstören. Aber Gottes Vaterliebe baut Menschen neu auf, lässt Trümmer jubeln, stellt wieder her und erschafft Schön-

heit aus Asche. In den Vater-Seminaren, die wir in den letzten Jahren in sehr vielen Kirchen und Gemeinden durchgeführt haben, durften wir das immer wieder miterleben. Gott kommt mit seiner heilsamen Nähe; wir legen im Gebet segnend die Hände in seinem Namen auf (als Zeichen seiner spürbaren Gegenwart); wir sprechen schlichte Worte aus, wie sie der Vater in seinem Herzen für seine Kinder empfindet; und die Kraft Gottes bewegt sich voller Erbarmen und Trost. Finstere Mächte weichen, körperliche Gebrechen verschwinden, Berufungen werden geboren, Menschen können wieder (oder zum ersten Mal) die bedingungslose Liebe und Annahme Gottes im Glauben erfassen.

Ja, es gibt so viel Krankes auf dieser Erde, aber wir haben die Medizin dafür: Gottes große Liebe!

Lebe aus dem Überfluss!

Wer immer nur die Vaterliebe Gottes empfängt, ohne sie an andere weiterzugeben, wird früher oder später zu einem „Toten Meer". Gott hat uns eine geographische Parabel im Heiligen Land vor Augen gemalt. In Israel gibt es zwei große Gewässer. Der „See Genezareth" hat einen Zufluss und einen Abfluss. Er ist voller Fischreichtum und steht für Leben, während das „Tote Meer" nur einen Zufluss hat, also nur aufnimmt, ohne wieder abzugeben. Hier leben kaum Pflanzen und Tiere, hier wohnt der Tod. Wir lernen: Wer nur nimmt ohne abzugeben, wird Tod verbreiten.

Im Vaterhaus der Liebe Gottes herrscht Überfluss und kein Mangel. Es ist genug für alle da. Jeder kann satt werden. Für jeden gibt es Raum zur Entfaltung. Keiner wird vergessen oder übersehen. Unser Papa ist sehr großzügig, deshalb können auch wir großzügig sein.

Wer durch die Liebe des Vaters Heilung und neues Leben bekommt, wird auch andere Menschen, die noch draußen vor der Tür ein trauriges Dasein fristen, damit beschenken wollen. Die Not ist zu groß und schreit zum Himmel. Wie schnell könnten wir uns da verzetteln und unter den Lasten zusammenbrechen? Wir müssen Jesu Vorbild folgen. Er tat nur das, was er den Vater tun sah …! Er lebte nicht aus seinen eigenen Kraftreserven, sondern alle seine Quellen waren im Vater! Er diente aus dem Überfluss und Reichtum seines himmlischen Abbas. Darum hatte er immer genug und wusste auch, wo seine Begrenzungen lagen. Er suchte nicht seine Ehre und seinen Ruhm, sondern er wollte nur den Vater verherrlicht sehen. Wer angekommen ist und ein Zuhause beim Vater gefunden hat, wer immer wieder auf dem Schoß ausruht, sich durch die liebenden Umarmungen heilen lässt, den sendet der Vater hinaus zu seinen übrigen verwirrten, verwundeten und verlorenen Menschenkindern. Dabei ist es gar nicht schlimm, wenn wir noch unfertig sind. Wir bringen ja nicht unsere, sondern seine perfekte Liebe!

Und nun zu Dir

- *Was bedeutet es für Dich, bei Gott zu Hause zu sein?*
- *Welchen Aspekt des „Bleibens in der Liebe“ hast Du bisher vernachlässigt und möchtest Du nun mehr berücksichtigen?*
- *Wo ist es jetzt für Dich dran, den Überfluss der Liebe Gottes weiterfließen zu lassen?*

Vaters Liebesbrief

... der Ruf des Vaterherzens Gottes von 1. Mose bis zur Offenbarung

Mein geliebtes Kind ...

Du magst mich nicht kennen, aber ich weiß alles über dich
... Psalm 139,1

Ich weiß, wann du dich hinsetzt und wann du aufstehst
... Psalm 139,2

Alle deine Wege sind mir vertraut
... Psalm 139,3

Sogar die Haare auf deinem Kopf sind gezählt
... Matthäus 10,29-31

Denn du bist nach meinem Ebenbild geschaffen
... 1. Mose 1,27

In mir lebst du, bewegst du dich und hast dein Sein
... Apostelgeschichte 17,28

Du stammst von mir ab
... Apostelgeschichte 17,28

Ich kannte dich sogar bevor du empfangen wurdest
... Jeremia 1,4-5

Ich habe dich erwählt, als ich die Schöpfung plante
... Epheser 1,11-12

Du bist kein Fehler
... Psalm 139,15-16

Selbst alle deine Tage sind in mein Buch geschrieben
... Psalm 139,15-16

Ich habe die genaue Zeit deiner Geburt bestimmt und wo du leben würdest
... Apostelgeschichte 17,26

Du bist auf eine erstaunliche und wunderbare Weise gemacht
... Psalm 139,14

Ich wob dich zusammen in dem Schoß deiner Mutter
... Psalm 139,13

Und brachte dich hervor an dem Tag deiner Geburt
... Psalm 71,6

Ich wurde dir falsch dargestellt von denen, die mich nicht kennen
... Johannes 8,41-44

Ich bin keineswegs fern oder gar zornig,
sondern vielmehr die vollkommene Liebe in Person
... 1. Johannes 4,16

Und es ist mein Verlangen, dich mit Liebe zu überschütten
... 1. Johannes 3,1

Ganz einfach weil du mein Kind bist und ich bin dein Vater
... 1. Johannes 3,1

Ich gebe dir mehr als dein irdischer Vater dir jemals geben könnte
... Matthäus 7,11

Denn nur ich bin der vollkommene Vater
... Matthäus 5,48

Alle guten Gaben, die du empfängst, kommen aus meiner Hand
... Jakobus 1,17

Denn ich bin dein Versorger und ich begegne all deinen Nöten
... Matthäus 6,25-34

Mein Plan für deine Zukunft ist gefüllt mit Hoffnung
... Jeremia 29,11

Denn ich liebe dich mit ewiger Liebe
... Jeremia 31,3

Meine Gedanken für dich sind so zahllos wie der Sand am Meer
... Psalm 139,17-18

Und ich juble über dich mit Singen
... Zephania 3,17

Ich werde nie aufhören, dir Gutes zu tun
... Jeremia 32,40

Denn du bist mein kostbarer Besitz
... 2. Mose 19,5

Ich begehre von ganzem Herzen und ganzer Seele,
dich in Sicherheit zu sehen
... Jeremia 32,41

Und ich will dir große und unfassbare Dinge zeigen
... Jeremia 33,3

Wenn du mich von ganzem Herzen suchen wirst,
werde ich mich von dir finden lassen ...
5. Mose 4,29

Freue dich an mir und ich werde dir deine Herzenswünsche erfüllen
... Psalm 37,4

Denn ich selbst bin es, der dir diese Wünsche gibt
... Philipper 2,13

Ich bin fähig, mehr für dich zu tun, als du dir überhaupt vorstellen kannst
... Epheser 3,20

Denn ich bin dein größter Ermutiger
... 2. Thessalonicher 2,16-17

Ich bin ebenso der Vater, der dich in allen deinen Schwierigkeiten tröstet
... 2. Korinther 1,3-4

Wenn du zerbrochenen Herzens bist, werde ich dir ganz nahe sein
... Psalm 34,18

Wie ein Hirte ein Lamm auf den Schultern nach Hause trägt,
so trage ich dich nahe an meinem Herzen
... Jesaja 40,11

Eines Tages werde ich alle Tränen von deinen Augen wischen
... Offenbarung 21,3-4

Und ich werde allen Schmerz wegnehmen,
den du auf dieser Erde erleiden musstest
... Offenbarung 21,4

Denn ich bin dein Vater und ich liebe dich genauso,
wie ich meinen Sohn, Jesus, liebe
... Johannes 17,23

Denn in Jesus ist meine Liebe offenbar geworden
... Johannes 17,26

Er ist der genaue Repräsentant meines Seins
... Hebräer 1,3

Und er kam, um zu zeigen, dass ich für dich bin, und nicht gegen dich
... Römer 8,31

Und um dir zu sagen, dass ich nicht deine Sünden zähle
... 2. Korinther 5,18-19

Jesus starb, damit du und ich wieder versöhnt sein können
... 2. Korinther 5,18-19

Sein Tod war der größte Ausdruck meiner Liebe für dich
... 1. Johannes 4,10

Ich gab alles auf, was ich liebte, damit ich deine Liebe gewinnen möge
... Römer 8,32

Wenn du das Geschenk meines Sohnes Jesus entgegennimmst,
dann empfängst du mich
... 1. Johannes 2,23

Und nichts wird dich jemals wieder trennen können von meiner Liebe
... Römer 8,38-39

Komm nach Hause und ich werde die größte Party veranstalten,
die der Himmel jemals gesehen hat
... Lukas 15,7

Ich bin immer schon dein Vater gewesen und ich werde immer
dein Vater bleiben
... Epheser 3,14-15

Meine Frage ist: willst du mein Kind sein?
... Johannes 1,12-13

Ich warte auf dich
... Lukas 15,11-32

In Liebe, dein Papa – der allmächtige Gott

Ein Wort zum Schluss:

„Die Reise geht weiter ..."

Wenn Du durch die Wahrheiten dieses Buches berührt wurdest und Dir Gott als Dein Vater begegnet ist, wirst Du Hunger nach mehr haben. Es gibt nichts, was Dich mehr erfüllen und glücklicher machen kann als die **Freundschaft mit Deinem himmlischen Papa**. Nicht die Traumkarriere, die Traumfrau oder der Traummann – auch nicht die Erweckung, die wir so heiß ersehnen – ist die Erfüllung unserer Träume, sondern einzig und allein die liebevolle Gemeinschaft mit Abba-Vater. Du hast die Reise an sein Vaterherz begonnen. Lebe nun täglich in dieser einzigartigen Liebesbeziehung. Und vergiss es nie …

Du bist für die Liebe geschaffen!

Ich freue mich sehr über Reaktionen meiner Leser! Wer mir schreiben möchte oder Interesse hat an der Teilnahme oder Durchführung eines Vaterherz-Seminars, der wende sich bitte an:
buero@vaterherz.org
Homepage: www.vaterherz.org

Matthias Hoffmann

Freundschaft mit Abba-Vater

Wie aus der Problemzone „Stille Zeit" eine tiefe und beglückende Beziehung zu Gott werden kann.

Es könnte nach der Lektüre sein, dass aus dem inneren Druck: ‚Ich muss jetzt Stille Zeit machen' die Sehnsucht wird: ‚Abba-Vater, es ist so schön mit dir, du wirst mir Anteil geben an dem, was dich bewegt – und ich kann dir sagen, was mir am Herzen liegt.'

Der Autor Matthias Hoffmann lädt uns ein, die Erfahrungen, die er gemeinsam mit vielen anderen Menschen gemacht hat, zu hören und zu verarbeiten. Es ist die Liebe des Vaters, die uns so kostbar macht. Unser himmlischer Vater hat Sehnsucht nach jedem einzelnen seiner einzigartigen Kinder.

148 Seiten, gebunden

Bestell-Nr.: 52 50403

ISBN 978-3-86773-001-3

Baudolino

- der Clown, der den Menschen Tränen schenkte

Eine Bildergeschichte für Kinder (und Erwachsene).

Immer wenn der Clown Baudolino auf seiner Geige spielt, müssen die Menschen weinen. Aber sie werden nicht traurig, sondern froh. Eine Geschichte, die die Herzen bewegt und berührt.

Format: 21,5 x 21,5 cm, vierfarbig, 32 Seiten

Bestell-Nr.: 52 50404

ISBN 978-3-86773-097-6

Matthias Hoffmann

Halleluja – es ist nicht zu schaffen!

Einüben eines Lebensstils kindlichen Vertrauens

Der Druck, der auf den meisten von uns lastet, scheint täglich größer zu werden. Alle wollen etwas von mir: mein Partner, meine Familie, mein Beruf, die Gesellschaft! Selbst der Glaube wird anstrengend. Bücher, Predigten und Konferenzen fordern uns zu geistlichen Höchstleistungen und zu engagiertem Einsatz auf. Dazu kommt noch mein eigener Wunsch nach mehr „Heiligkeit und Heil-sein"! Irgendwann ist es so weit, es wird zu viel. Es ist nicht zu schaffen.

Halleluja – es ist nicht zu schaffen!

In diesem Buch wirst Du keine Patentrezepte und schnellen Lösungen finden, wohl aber die Ermutigung zu einem Lebensstil kindlichen Vertrauens, der Dich sicher und geborgen durch den Rest Deines Lebens führen kann. Heute ist ein guter Tag, um entspannt damit zu beginnen!

178 Seiten, gebunden

Bestell-Nr.: 52 50406
ISBN: 978-3-86773-168-3